Bryn Mawr Commentaries

Heraclitus'
Περὶ Φύσεως

Henry W. Johnstone, Jr.

Department of Greek, Bryn Mawr College
Bryn Mawr, Pennsylvania

Copyright ©1984 by **Bryn Mawr Commentaries**

Manufactured in the United States of America
ISBN 0-929524-12-8
Printed and distributed by
Bryn Mawr Commentaries
Thomas Library
Bryn Mawr College
Bryn Mawr, PA 19010

Series Preface

These lexical and grammatical notes are meant not as a full-scale commentary but as a clear and concise aid to the beginning student. The editors have been told to resist their critical impulses and to say only what will help the student read the text. Our commentaries, then, are the beginning of the interpretative process, not the end.

We expect that the student will know the basic Attic declensions and conjugations, basic grammar (the common functions of cases and moods; the common types of clauses and conditions), and how to use a dictionary. In general we have tried to avoid duplication of material easily extractable from the lexicon, but we have included help with odd verb forms, and, recognizing that endless page-flipping can be counter-productive, we have provided the occasional bonus of assistance with uncommon vocabulary. The bibliography lists a few books in English that have proved helpful as secondary reading.

The commentaries are based on the Oxford Classical Text unless otherwise noted. Oxford University Press has kindly allowed us to print its edition of the Greek text in cases where we thought it would be particularly beneficial to the student. The text was set by Stephen V. F. Waite of Logoi Systems (Hanover, N.H.).

Production of these commentaries has been made possible by a generous grant from the Division of Education Programs, the National Endowment for the Humanities.

> Richard Hamilton, General Editor
> Gregory W. Dickerson, Associate Editor
> Gilbert P. Rose, Associate Editor

Volume Preface

The Diels-Kranz arrangement of the Heraclitus fragments is, aside from Fr. 1, by the alphabetical order of the name of the source. Such an arrangement tends to enhance the impression that the fragments are aphorisms, which perhaps they are not. I have been advised to arrange the fragments by subject-matter. But since any such arrangement would be by nature at least as tendentious as the Diels-Kranz arrangement, I have resisted the advice. If anyone is to arrange the fragments, let it be the students who use this commentary.

Sources are not given in the list of fragments with which this book opens. Contexts are eliminated to the extent to which it was practical to do this. But Fr. 106 exemplifies the few fragments for which this was not possible. Sources and contexts will be found in the reproduction of the original Diels-Kranz material which follows the comments. It will be noticed that the Diels-Kranz text has been emended slightly in Frr. 5, 10, 75, and 121.

It would have been impossible for me to prepare this commentary without the help and guidance of my teacher Richard Hamilton. The readers, on whose advice I have depended, have been Professors Alfonso Gomez-Lobo, Richard McKirahan, and David Sider. Others who helped in various capacities were Mr. Douglas Anderson, Mr. Joseph Cotter, Mrs. Claire Davies, Professor Charles Kahn, Dean Thomas Magner, and Ms. Stephanie Welch. I hope none of these good people will be blamed for any of my mistakes.

The Diels-Kranz text is used with the kind permission of Weidmann, the publisher.

Henry W. Johnstone, Jr.
Spring 1983

The Life of Heraclitus

Nothing is known for certain about the life of Heraclitus. He was apparently an inhabitant of Ephesus in Asia Minor. His father's name was Bloson. Since in Fr. 40 he mentions Pythagoras, Xenophanes, and Hecataeus, he must have been contemporary with or later than them. Thus he might have been alive at the end of the sixth century. He seems to have flourished earlier than, or at any rate not to have been influenced by, Parmenides. This impression is reinforced by his use of the word παλίντροπος in Fr. 51, a word the use of which Parmenides ridiculed in his Fr. 6.9. But possibly Parmenides' scorn preceded Heraclitus' use, and possibly Heraclitus did not use this word, but another. See comments *ad loc.*

The Dialect of Heraclitus

Heraclitus wrote in the Ionic dialect. This fact is evident in some differences between his prose and Attic in spelling and inflection. Such differences are not consistent, because some of the sources from which we have received the fragments attribute Attic forms to him. The major differences are the following:

ἐών, ἐόν, for Attic ὤν, ὄν, with corresponding inflections.
κ for π, as in ὁκόσα (=A. ὁπόσα), ὁκοῖον, ὅκως, ὅκωσπερ.
ξ for σ, as in ἀξύνετοι (=A. ἀσύνετοι).
η for α, as in σκολιή (=A. σκολιά), σοφίη (=A. σοφία).
ε for ει, as in μέζονες (=A. μείζονες).
εῳ for ῳ, as in ὅτεῳ (=A. ὅτῳ).
ου for ο, as in μοῦνον (=A. μόνον).
ων for αν, as in ἑωυτοῦ (=A. ἑαυτοῦ), ἐμεωυτόν (=A. ἐμαυτόν).
Use of uncontracted verbs, as διαιρέων (=A. διαιρῶν), δοκέουσι (=A. δοκοῦσι), μετρέεται (=A. μετρεῖται), ὁμολογέει (=A. ὁμολογεῖ), χρείωνται (=A. χρῶνται), ζώουσιν (=A. ζῶσιν).
Contraction of έο as εῦ, as διηγεῦμαι (=A. διηγοῦμαι), ἐγκυρεῦσιν (=A. ἐγκυροῦσιν), μνεῦνται (=A. μνοῦνται), αἱρεῦνται (=A. αἱροῦνται).
εἶμεν (=A. ἐσμέν).
-οισι with ν-movable in dative pl. for A. -οῖς, as in τοῖσιν (=A. τοῖς), ἑωυτοῖσι (=A. ἑαυτοῖς). Τουτέουσιν in Heraclitus is A. τούτοις.
-ῃσι with ν-movable in dative pl. for A. -αις, as in ψυχῇσι (=A. ψυχαῖς), ὑγρῇσι (=A. ὑγραῖς).
-εω for -ου in gen. sing., as in Τευτάμεω (=A. Τευτάμου).

Περὶ Φύσεως

1 τοῦ δὲ λόγου τοῦδ' ἐόντος ἀεὶ ἀξύνετοι γίνονται ἄνθρωποι καὶ πρόσθεν ἢ ἀκοῦσαι καὶ ἀκούσαντες τὸ πρῶτον· γινομένων γὰρ πάντων κατὰ τὸν λόγον τόνδε ἀπείροισιν ἐοίκασι, πειρώμενοι καὶ ἐπέων καὶ ἔργων τοιούτων, ὁκοίων ἐγὼ διηγεῦμαι κατὰ φύσιν διαιρέων ἕκαστον καὶ φράζων ὅκως ἔχει. τοὺς δὲ ἄλλους ἀνθρώπους λανθάνει ὁκόσα ἐγερθέντες ποιοῦσιν, ὅκωσπερ ὁκόσα εὕδοντες ἐπιλανθάνονται.

2 τοῦ λόγου δ' ἐόντος ξυνοῦ ζώουσιν οἱ πολλοὶ ὡς ἰδίαν ἔχοντες φρόνησιν.

3 (περὶ μεγέθους ἡλίου) εὖρος ποδὸς ἀνθρωπείου.

4 Si felicitas esset in delectationibus corporis, boves felices diceremus, cum inveniant orobum ad comedendum.

5 καθαίρονται δ' ἄλλως αἵματι μιαινόμενοι οἷον εἴ τις εἰς πηλὸν ἐμβὰς πηλῶι ἀπονίζοιτο. μαίνεσθαι δ' ἂν δοκοίη, εἴ τις αὐτὸν ἀνθρώπων ἐπιφράσαιτο οὕτω ποιέοντα. καὶ τοῖς ἀγάλμασι δὲ τουτέοισιν εὔχονται, ὁκοῖον εἴ τις δόμοισι λεσχηνεύοιτο, οὔ τι γινώσκων θεοὺς οὐδ' ἥρωας οἵτινές εἰσι.

6 ὁ ἥλιος νέος ἐφ' ἡμέρῃ ἐστίν.

7 εἰ πάντα τὰ ὄντα καπνὸς γένοιτο, ῥῖνες ἂν διαγνοῖεν.

8 τὸ ἀντίξουν συμφέρον καὶ ἐκ τῶν διαφερόντων καλλίστην ἁρμονίαν καὶ πάντα κατ' ἔριν γίνεσθαι.

9 ἑτέρα γὰρ ἵππου ἡδονὴ καὶ κυνὸς καὶ ἀνθρώπου. ὄνους σύρματ' ἂν ἑλέσθαι μᾶλλον ἢ χρυσόν.

10 συλλάψιες ὅλα καὶ οὐχ ὅλα, συμφερόμενον διαφερόμενον, συνᾷδον διᾷδον, καὶ ἐκ πάντων ἓν καὶ ἐξ ἑνὸς πάντα.

11 πᾶν γὰρ ἑρπετὸν πληγῇ νέμεται.

12 ποταμοῖσι τοῖσιν αὐτοῖσιν ἐμβαίνουσιν ἕτερα καὶ ἕτερα ὕδατα ἐπιρρεῖ.

13 ὕες βορβόρῳ ἥδονται μᾶλλον ἢ καθαρῷ ὕδατι.

14 τὰ γὰρ νομιζόμενα κατ' ἀνθρώπους μυστήρια ἀνιερωστὶ μυεῦνται.

15 εἰ μὴ γὰρ Διονύσῳ πομπὴν ἐποιοῦντο καὶ ὕμνεον ᾆσμα αἰδοίοισιν, ἀναιδέστατα εἴργαστ᾽ ἄν· ὡυτὸς δὲ Ἀίδης καὶ Διόνυσος, ὅτεῳ μαίνονται καὶ ληναΐζουσιν.

16 τὸ μὴ δῦνόν ποτε πῶς ἄν τις λάθοι;

17 οὐ γὰρ φρονέουσι τοιαῦτα πολλοί, ὁκόσοι ἐγκυρεῦσιν, οὐδὲ μαθόντες γινώσκουσιν, ἑωυτοῖσι δὲ δοκέουσι.

18 ἐὰν μὴ ἔλπηται, ἀνέλπιστον οὐκ ἐξευρήσει, ἀνεξερεύνητον ἐὸν καὶ ἄπορον.

19 ἀκοῦσαι οὐκ ἐπιστάμενοι οὐδ᾽ εἰπεῖν.

20 γενόμενοι ζώειν ἐθέλουσι μόρους τ᾽ ἔχειν, ... καὶ παῖδας καταλείπουσι μόρους γενέσθαι.

21 θάνατός ἐστιν ὁκόσα ἐγερθέντες ὁρέομεν, ὁκόσα δὲ εὕδοντες ὕπνος.

22 χρυσὸν γὰρ οἱ διζήμενοι γῆν πολλὴν ὀρύσσουσι καὶ εὑρίσκουσιν ὀλίγον.

23 Δίκης ὄνομα οὐκ ἂν ᾔδεσαν, εἰ ταῦτα μὴ ἦν.

24 ἀρηιφάτους θεοὶ τιμῶσι καὶ ἄνθρωποι.

25 μόροι γὰρ μέζονες μέζονας μοίρας λαγχάνουσι.

26 ἄνθρωπος ἐν εὐφρόνῃ φάος ἅπτεται ἑαυτῷ ἀποσβεσθεὶς ὄψεις, ζῶν δὲ ἅπτεται τεθνεῶτος εὕδων, ἐγρηγορὼς ἅπτεται εὕδοντος.

27 ἀνθρώπους μένει ἀποθανόντας ἅσσα οὐκ ἔλπονται οὐδὲ δοκέουσιν.

28 δοκέοντα γὰρ ὁ δοκιμώτατος γινώσκει, φυλάσσει· καὶ μέντοι καὶ Δίκη καταλήψεται ψευδῶν τέκτονας καὶ μάρτυρας.

29 αἱρεῦνται γὰρ ἓν ἀντὶ ἁπάντων οἱ ἄριστοι, κλέος ἀέναον θνητῶν· οἱ δὲ πολλοὶ κεκόρηνται ὅκωσπερ κτήνεα.

30 κόσμον τόνδε, τὸν αὐτὸν ἁπάντων, οὔτε τις θεῶν οὔτε ἀνθρώπων ἐποίησεν, ἀλλ᾽ ἦν ἀεὶ καὶ ἔστιν καὶ ἔσται· πῦρ ἀείζωον, ἁπτόμενον μέτρα καὶ ἀποσβεννύμενον μέτρα.

31A πυρὸς τροπαὶ πρῶτον θάλασσα, θαλάσσης δὲ τὸ μὲν ἥμισυ γῆ, τὸ δὲ ἥμισυ πρηστήρ.

31B <γῆ> θάλασσα διαχέεται, καὶ μετρέεται εἰς τὸν αὐτὸν λόγον, ὁκοῖος πρόσθεν ἦν ἢ γενέσθαι γῆ.

32 ἓν τὸ σοφὸν μοῦνον λέγεσθαι οὐκ ἐθέλει καὶ ἐθέλει Ζηνὸς ὄνομα.

33 νόμος καὶ βουλῇ πείθεσθαι ἑνός.

34 ἀξύνετοι ἀκούσαντες κωφοῖσιν ἐοίκασι· φάτις αὐτοῖσιν μαρτυρεῖ παρεόντας ἀπεῖναι.

35 χρὴ εὖ μάλα πολλῶν ἵστορας φιλοσόφους ἄνδρας εἶναι.

36 ψυχῇσιν θάνατος ὕδωρ γενέσθαι, ὕδατι δὲ θάνατος γῆν γενέσθαι, ἐκ γῆς δὲ ὕδωρ γίνεται, ἐξ ὕδατος δὲ ψυχή.

37 sues caeno cohortales aves pulvere vel cinere lavari.

39 ἐν Πριήνῃ Βίας ἐγένετο ὁ Τευτάμεω, οὗ πλείων λόγος ἢ τῶν ἄλλων.

40 πολυμαθίη νόον οὐ διδάσκει· Ἡσίοδον γὰρ ἂν ἐδίδαξε καὶ Πυθαγόρην αὖτίς τε Ξενοφάνεά τε καὶ Ἑκαταῖον.

41 εἶναι γὰρ ἓν τὸ σοφόν, ἐπίστασθαι γνώμην, ὁτέη ἐκυβέρνησε πάντα διὰ πάντων.

42 τόν τε Ὅμηρον ἄξιον ἐκ τῶν ἀγώνων ἐκβάλλεσθαι καὶ ῥαπίζεσθαι καὶ Ἀρχίλοχον ὁμοίως.

43 ὕβριν χρὴ σβεννύναι μᾶλλον ἢ πυρκαϊήν.

44 μάχεσθαι χρὴ τὸν δῆμον ὑπὲρ τοῦ νόμου ὅκωσπερ τείχεος.

45 ψυχῆς πείρατα ἰὼν οὐκ ἂν ἐξεύροιο, πᾶσαν ἐπιπορευόμενος ὁδόν· οὕτω βαθὺν λόγον ἔχει.

46 τήν τε οἴησιν ἱερὰν νόσον.

47 μὴ εἰκῆ περὶ τῶν μεγίστων συμβαλλώμεθα.

48 τῷ οὖν τόξῳ ὄνομα βίος, ἔργον δὲ θάνατος.

49 εἷς ἐμοὶ μύριοι, ἐὰν ἄριστος ᾖ.

49A ποταμοῖς τοῖς αὐτοῖς ἐμβαίνομέν τε καὶ οὐκ ἐμβαίνομεν, εἰμέν τε καὶ οὐκ εἶμεν.

50 οὐκ ἐμοῦ, ἀλλὰ τοῦ λόγου ἀκούσαντας ὁμολογεῖν σοφόν ἐστιν ἓν πάντα εἶναι.

51 οὐ ξυνιᾶσιν ὅκως διαφερόμενον ἑωυτῷ ὁμολογέει· παλίντροπος ἁρμονίη ὅκωσπερ τόξου καὶ λύρης.

52 αἰὼν παῖς ἐστι παίζων, πεσσεύων· παιδὸς ἡ βασιληίη.

53 πόλεμος πάντων μὲν πατήρ ἐστι, πάντων δὲ βασιλεύς, καὶ τοὺς μὲν θεοὺς ἔδειξε τοὺς δὲ ἀνθρώπους, τοὺς μὲν δούλους ἐποίησε τοὺς δὲ ἐλευθέρους.

54 ἁρμονίη ἀφανὴς φανερῆς κρείττων.

55 ὅσων ὄψις ἀκοὴ μάθησις, ταῦτα ἐγὼ προτιμέω.

56 ἐξηπάτηνται οἱ ἄνθρωποι πρὸς τὴν γνῶσιν τῶν φανερῶν παραπλησίως Ὁμήρῳ, ὃς ἐγένετο τῶν Ἑλλήνων σοφώτερος πάντων. ἐκεῖνόν τε γὰρ παῖδες φθεῖρας κατακτείνοντες ἐξηπάτησαν εἰπόντες· ὅσα εἴδομεν καὶ ἐλάβομεν, ταῦτα ἀπολείπομεν, ὅσα δὲ οὔτε εἴδομεν οὔτ' ἐλάβομεν, ταῦτα φέρομεν.

57 διδάσκαλος δὲ πλείστων Ἡσίοδος· τοῦτον ἐπίστανται πλεῖστα εἰδέναι, ὅστις ἡμέρην καὶ εὐφρόνην οὐκ ἐγίνωσκεν· ἔστι γὰρ ἕν.

58 ἰατροὶ τέμνοντες, καίοντες, τοὺς ἀρρωστοῦντας, ἐπαιτέονται μηδὲν ἄξιοι μισθὸν λαμβάνειν ταὐτὰ ἐργαζόμενοι.

59 γναφείῳ ὁδὸς εὐθεῖα καὶ σκολιὴ μία ἐστὶ καὶ ἡ αὐτή.

60 ὁδὸς ἄνω κάτω μία καὶ ὠυτή.

61 θάλασσα ὕδωρ καθαρώτατον καὶ μιαρώτατον, ἰχθύσι μὲν πότιμον καὶ σωτήριον, ἀνθρώποις δὲ ἄποτον καὶ ὀλέθριον.

62 ἀθάνατοι θνητοί, θνητοὶ ἀθάνατοι, ζῶντες τὸν ἐκείνων θάνατον, τὸν δὲ ἐκείνων βίον τεθνεῶτες.

63 ἔνθα δ' ἐόντι ἐπανίστασθαι καὶ φύλακας γίνεσθαι ἐγερτὶ ζώντων καὶ νεκρῶν.

64 τὰ δὲ πάντα οἰακίζει κεραυνός.

65 χρησμοσύνην καὶ κόρον.

66 πάντα γὰρ τὸ πῦρ ἐπελθὸν κρινεῖ καὶ καταλήψεται.

67 ὁ θεὸς ἡμέρη εὐφρόνη, χειμὼν θέρος, πόλεμος εἰρήνη, κόρος λιμός, ἀλλοιοῦται δὲ ὅκωσπερ <πῦρ>, ὁπόταν συμμιγῇ θυώμασιν, ὀνομάζεται καθ' ἡδονὴν ἑκάστου.

67A sic <ut> aranea stans in medio telae sentit, quam cito musca aliquem filum suum corrumpit itaque illuc celeriter currit quasi de fili persectione dolens, sic hominis anima aliqua parte corporis laesa illuc festine meat quasi impatiens laesionis corporis, cui firme et proportionaliter iuncta est.

70 παίδων ἀθύρματα.

71 μεμνῆσθαι δὲ καὶ τοῦ ἐπιλανθανομένου ᾗ ἡ ὁδὸς ἄγει.

72 ᾧ μάλιστα διηνεκῶς ὁμιλοῦσι λόγῳ, τούτῳ διαφέρονται, καὶ οἷς καθ' ἡμέραν ἐγκυροῦσι, ταῦτα αὐτοῖς ξένα φαίνεται.

73 οὐ δεῖ ὥσπερ καθεύδοντας ποιεῖν καὶ λέγειν· καὶ γὰρ καὶ τότε δοκοῦμεν ποιεῖν καὶ λέγειν.

74 οὐ δεῖ <ὡς> παῖδας τοκεώνων.

75 καὶ τοὺς καθεύδοντας ἐργάτας εἶναι καὶ συνεργοὺς τῶν ἐν τῷ κόσμῳ γινομένων.

77 ζῆν ἡμᾶς τὸν ἐκείνων θάνατον καὶ ζῆν ἐκείνας τὸν ἡμέτερον θάνατον.

78 ἦθος γὰρ ἀνθρώπειον μὲν οὐκ ἔχει γνώμας, θεῖον δὲ ἔχει.

79 ἀνὴρ νήπιος ἤκουσε πρὸς δαίμονος ὅκωσπερ παῖς πρὸς ἀνδρός.

80 εἰδέναι δὲ χρὴ τὸν πόλεμον ἐόντα ξυνόν, καὶ δίκην ἔριν, καὶ γινόμενα πάντα κατ' ἔριν καὶ χρεών.

81 κοπίδων ἐστὶν ἀρχηγός.

82 πιθήκων ὁ κάλλιστος αἰσχρὸς ἀνθρώπων γένει συμβάλλειν.

83 ἀνθρώπων ὁ σοφώτατος πρὸς θεὸν πίθηκος φανεῖται καὶ σοφίᾳ καὶ κάλλει καὶ τοῖς ἄλλοις πᾶσιν.

84A μεταβάλλον ἀναπαύεται.

84B κάματός ἐστι τοῖς αὐτοῖς μοχθεῖν καὶ ἄρχεσθαι.

85 θυμῷ μάχεσθαι χαλεπόν· ὃ γὰρ ἂν θέλῃ, ψυχῆς ὠνεῖται.

86 ἀπιστίη διαφυγγάνει μὴ γιγνώσκεσθαι.

87 βλὰξ ἄνθρωπος ἐπὶ παντὶ λόγῳ ἐπτοῆσθαι φιλεῖ.

88 ταὐτό τ' ἔνι ζῶν καὶ τεθνηκὸς καὶ [τὸ] ἐγρηγορὸς καὶ καθεῦδον καὶ νέον καὶ γηραιόν· τάδε γὰρ μεταπεσόντα ἐκεῖνά ἐστι κἀκεῖνα πάλιν μεταπεσόντα ταῦτα.

89 τοῖς ἐγρηγορόσιν ἕνα καὶ κοινὸν κόσμον εἶναι, τῶν δὲ κοιμωμένων ἕκαστον εἰς ἴδιον ἀποστρέφεσθαι.

90 πυρός τε ἀνταμοιβὴ τὰ πάντα καὶ πῦρ ἁπάντων ὅκωσπερ χρυσοῦ χρήματα καὶ χρημάτων χρυσός.

91 ποταμῷ γὰρ οὐκ ἔστιν ἐμβῆναι δὶς τῷ αὐτῷ.

92 Σίβυλλα δὲ μαινομένῳ στόματι ἀγέλαστα καὶ ἀκαλλώπιστα καὶ ἀμύριστα φθεγγομένη χιλίων ἐτῶν ἐξικνεῖται τῇ φωνῇ διὰ τὸν θεόν.

93 ὁ ἄναξ, οὗ τὸ μαντεῖόν ἐστι τὸ ἐν Δελφοῖς, οὔτε λέγει οὔτε κρύπτει ἀλλὰ σημαίνει.

94 Ἥλιος γὰρ οὐχ ὑπερβήσεται μέτρα· εἰ δὲ μή, Ἐρινύες μιν Δίκης ἐπίκουροι ἐξευρήσουσιν.

95 ἀμαθίην γὰρ ἄμεινον κρύπτειν.

96 νέκυες γὰρ κοπρίων ἐκβλητότεροι.

97 κύνες γὰρ καταβαΰζουσιν ὧν ἂν μὴ γινώσκωσι.

98 αἱ ψυχαὶ ὀσμῶνται καθ' Ἅιδην.

99 εἰ μὴ ἥλιος ἦν, ἕνεκα τῶν ἄλλων ἄστρων εὐφρόνη ἂν ἦν.

100 ὥρας αἳ πάντα φέρουσι.

101 ἐδιζησάμην ἐμεωυτόν.

101A ὀφθαλμοὶ γὰρ ὤτων ἀκριβέστεροι μάρτυρες.

102 τῷ μὲν θεῷ καλὰ πάντα καὶ ἀγαθὰ καὶ δίκαια, ἄνθρωποι δὲ ἃ μὲν ἄδικα ὑπειλήφασιν ἃ δὲ δίκαια.

103 ξυνὸν γὰρ ἀρχὴ καὶ πέρας ἐπὶ κύκλου περιφερείας.

104 τίς γὰρ αὐτῶν νόος ἢ φρήν; δήμων ἀοιδοῖσι πείθονται καὶ διδασκάλῳ χρείωνται ὁμίλῳ οὐκ εἰδότες ὅτι "οἱ πολλοὶ κακοί, ὀλίγοι δὲ ἀγαθοί."

105 ἀστρολόγον τὸν Ὅμηρον.

106 (Ἡράκλειτος ἐπέπληξεν Ἡσιόδῳ ὡς ἀγνοοῦντι) φύσιν ἡμέρας ἁπάσης μίαν οὖσαν.

107 κακοὶ μάρτυρες ἀνθρώποισιν ὀφθαλμοὶ καὶ ὦτα βαρβάρους ψυχὰς ἐχόντων.

108 ὁκόσων λόγους ἤκουσα, οὐδεὶς ἀφικνεῖται ἐς τοῦτο, ὥστε γινώσκειν ὅτι σοφόν ἐστι πάντων κεχωρισμένον.

110 ἀνθρώποις γίνεσθαι ὁκόσα θέλουσιν οὐκ ἄμεινον.

111 νοῦσος ὑγιείην ἐποίησεν ἡδὺ καὶ ἀγαθόν, λιμὸς κόρον, κάματος ἀνάπαυσιν.

112 σωφρονεῖν ἀρετὴ μεγίστη, καὶ σοφίη ἀληθέα λέγειν καὶ ποιεῖν κατὰ φύσιν ἐπαΐοντας.

113 ξυνόν ἐστι πᾶσι τὸ φρονέειν.

114 ξὺν νόῳ λέγοντας ἰσχυρίζεσθαι χρὴ τῷ ξυνῷ πάντων, ὅκωσπερ νόμῳ πόλις, καὶ πολὺ ἰσχυροτέρως. τρέφονται γὰρ πάντες οἱ ἀνθρώπειοι νόμοι ὑπὸ ἑνὸς τοῦ θείου· κρατεῖ γὰρ τοσοῦτον ὁκόσον ἐθέλει καὶ ἐξαρκεῖ πᾶσι καὶ περιγίνεται.

115 ψυχῆς ἐστι λόγος ἑαυτὸν αὔξων.

Heraclitus Περί Φύσεως

116 ἀνθρώποισι πᾶσι μέτεστι γινώσκειν ἑωυτοὺς καὶ σωφρονεῖν.

117 ἀνὴρ ὁκόταν μεθυσθῇ, ἄγεται ὑπὸ παιδὸς ἀνήβου σφαλλόμενος, οὐκ ἐπαΐων ὅκη βαίνει, ὑγρὴν τὴν ψυχὴν ἔχων.

118 αὔη ψυχὴ σοφωτάτη καὶ ἀρίστη.

119 ἦθος ἀνθρώπῳ δαίμων.

120 ἠοῦς καὶ ἑσπέρας τέρματα ἡ ἄρκτος καὶ ἀντίον τῆς ἄρκτου οὖρος αἰθρίου Διός.

121 ἄξιον Ἐφεσίοις ἡβηδὸν ἀπάγξασθαι πᾶσι καὶ τοῖς ἀνήβοις τὴν πόλιν καταλιπεῖν, οἵτινες Ἑρμόδωρον ἄνδρα ἑωυτῶν ὀνήιστον ἐξέβαλον φάντες· ἡμέων μηδὲ εἷς ὀνήιστος ἔστω, εἰ δὲ μή, ἄλλῃ τε καὶ μετ' ἄλλων.

123 φύσις κρύπτεσθαι φιλεῖ.

124 ἀλλ' ὥσπερ σάρμα εἰκῆ κεχυμένων ὁ κάλλιστος κόσμος.

125 καὶ ὁ κυκεὼν διίσταται <μὴ> κινούμενος.

125Α μὴ ἐπιλίποι ὑμᾶς πλοῦτος, Ἐφέσιοι, ἵν' ἐξελέγχοισθε πονηρευόμενοι.

126 τὰ ψυχρὰ θέρεται, θερμὸν ψύχεται, ὑγρὸν αὐαίνεται, καρφαλέον νοτίζεται.

Commentary

Abbreviations:
S   Herbert Weir Smyth, *Greek Grammar*, revised by G.M. Messing (Cambridge, Mass. 1956)
GP   J.D. Denniston, *The Greek Particles*, 2nd ed. (Oxford 1954)
KR   G.S. Kirk and J.E. Raven, *The Presocratic Philosophers* (Cambridge, England 1957)
F   Kathleen Freeman, *Ancilla to the Pre-Socratic Philosophers* (Cambridge, Mass. 1977)
K   Charles H. Kahn, *The Art and Thought of Heraclitus* (Cambridge, England 1979)

1   λόγου: "word, speech, reason, account, law."
τοῦδ': predicate.
ἀεί: modifies either ἐόντος or γίνονται, or both.
ἀξύνετοι: "unable to comprehend."
γίνονται = γίγνονται.
πρόσθεν ἤ: "earlier than, before."
τὸ πρῶτον: "for the first time" (adverbial).
γινομένων ... πάντων: either gen. abs. or dependent on ἀπείροισιν.
ἀπείροισιν: <ἄπειρος, "untried, inexperienced." Object of of ἐοίκασι ("are like").
πειρώμενοι: "when they try" + gen. Note how this word echoes ἀπείροισιν.
ὁκοίων: gen. by attraction.
διηγεῦμαι: "go through, set out in detail."
διαιρέων: "distinguishing."
ἔχει: + adv. = "is"
ἐγερθέντες: <ἐγείρω, "be awake."
ὅκωσπερ: "just as."
ἐπιλανθάνονται: "forget."

2   The gen. abs. is concessive. "Although the account is shared ..." ξυνοῦ = κοινοῦ.

3   εὖρος: "width," i.e., of the sun.

4   "If happiness consisted of pleasures of the body, we would call cattle happy when they find vetch to eat."

5   ἄλλως: "in vain."
    μαινόμενοι: sc. αἵματι.
    οἷον: "just as."
    πηλόν: "mud."
    ἀπονίζοιτο: "wash off."
    μαίνεσθαι ... δοκοίη: "seem to be crazy." Note play on verbs μαίνω and μαίνομαι.
    ἐπιφράσαιτο: here, "notice."
    ἀγάλμασι: "statues."
    καί ... δέ: "and also" (GP 199).
    ὁκοῖον: adverbial accusative, "in such way as, as."
    λεσχηνεύοιτο: "hold a conversation with."
    θεούς ... εἰσι: "gods and heroes, who they are," i.e., "the nature of ... "; prolepsis (S 2182).

6   ἐφ' ἡμέρῃ: "every day."

7   ῥῖνες: <ῥίς, "nose."
    διαγνοῖεν: <διαγιγνώσκω, "distinguish."

8   ἀντίξουν: <ἀντίξοος, "opposed to."
    συμφέρον: "going together." The word also means "profit" or "benefit." Supply εἶναι. The fragments are often in indirect discourse (accusative + infinitive): "Heraclitus says that ... "

9   ἑτέρα: "different (is) ... "; feminine (note accent).
    σύρματ(α): "garbage."
    ἂν ἑλέσθαι: represents an original potential optative (S 1848).

10 συλλάψιες=συλλάψεις, <σύλλαψις (Attic σύλληψις), "talking together, conjunction."
    συνᾷδον, διᾷδον: asyndeton, as often in H.; "singing together, singing in dissonance" (<ἀείδω).

11 ἑρπετόν: beast or animal that goes on all fours.

12 ἐμβαίνουσιν: "to [those] going in" (+ dative).
    ἕτερα καὶ ἕτερα: "ever different."

13 ὕες: <ὗς, "pig."
    βορβόρῳ: "mud." Dative with ἥδονται.

14 τὰ ... νομιζόμενα ... μυστήρια: "what are regarded as mysteries"; object of μυεῦνται.
    ἀνιερωστί: "impiously."
    μυεῦνται: <μυέω, "celebrate." Subject is "men."

15 πομπήν: "procession."
ἐποιοῦντο: imperfect in protasis of present contrary-to-fact, paralleled by ὕμνεον.
ᾆσμα: "hymn."
αἰδοίοισιν: literally, "shameful (parts)," i.e., "genitals"; here, a large-scale figure of a phallus used in a Dionysian procession. Perhaps the word is a pun on Ἀίδης.
εἴργαστ(ο): pluperfect of ἐργάζομαι, "do, make," in contrary-to-fact. Some editor prefer the mss. reading εἴργασται.
ληναΐζουσιν: "celebrate Bacchanal rites." See KR 389.
ὡυτός = ὁ αὐτός.

16 τὸ μὴ δῦνον: "the not-setting [sun]"; object of λάθοι, here, "hide from" (S 2728a).

17 ἐγκυρεῦσιν: <ἐγκυρέω, "meet"; sc. "them."
ἑωυτοῖσι... δοκέουσι: "but they seem to themselves (to), they think that they do."

18 ἀνεξερεύνητον: "hard to discover."

20 γενόμενοι: "when [people] are born." Contrast γενέσθαι in the next line, "become."
μόρους: "portions"; in 25, "dooms." Or perhaps "dooms" in both places.

21 ὅκοσα: adverbial accusative, "how many times, as many times as."
ἐγερθέντες: See on 1.

22 ὀρύσσουσι: "dig."

23 ᾔδεσαν: <οἶδα.
ταῦτα: Context suggests τὰ ἄδικα.
ἦν: probably existential here.

24 ἀρηιφάτους = ἀρειφάτους, "slain by Ares," i.e., in war.

25 μόροι... μοίρας: "deaths... destinies," with obvious play on words. Compare 20.

26 εὐφρόνη: euphemism for "night."
ἅπτεται: here, "kindles," with a pun on the use of this verb below to mean "touches."
ἀποσβεσθείς: <ἀπεσβέννυμι, "extinguish."
ὄψεις: <ὄψις, "sight, eye," accusative of respect.
τεθνεῶτος: <θνήσκω; genitive with ἅπτεται, "touch," here, perhaps "approximate." KR have "are in contact with."
ἐγρηγορώς: <ἐγείρω, "awaken," intransitive in perfect.

27 ἄσσα=ἅτινα, "[things] which," subject of μένει, which here means "await."
   οὐδὲ δοκέουσιν: "nor even imagine."

28 δοκέοντα: Sc. μόνα.
   δοκιμώτατος: "most esteemed [man]." Echoes δοκέοντα.
   καταλήψεται: deponent future <καταλαμβάνω, "seize."

29 ἕν: "one thing."
   ἀέναον: "everlasting."
   θνητῶν: "from mortals."
   κεκόρηνται: <κορέννυμι, "satisfy, fill."
   ὅκωσπερ=ὅπως περ, "just like."
   κτήνεα: "cattle."

30 κόσμον: "cosmos."
   ἁπάντων: "for all [people or things]," genitive of possession.
   ἁπτόμενον: See note on ἅπτεται in 26.
   μέτρα: adverbial accusative, "in measure."

31A πρηστήρ: "hurricane" or "lightning storm."

31B διαχέεται=διαχεῖται, "is liquefied."
   εἰς ... λόγον, ὁκοῖος: "to the same amount as" (K), "so as to form the same proportion as" (KR).
   πρόσθεν ... ἤ=πρίν (S 2459).

32 ἕν: in apposition with τὸ σοφὸν μοῦνον.
   ὄνομα: internal accusative, "by the name" (S 1621).

33 νόμος: sc. ἐστί.

34 φάτις: "proverb."
   ἀπεῖναι: infinitive of indirect discourse, with παρεόντας as subject.

35 εὖ ... ἵστορας: "knowers of very many things indeed."

37 "Pig bathe in mud, barnyard fowl in dust or ashes."

39 Bias of Priene (c. 550) was one of the "Seven Sages."
   λόγος: "fame" or perhaps "worth" (F).

40 ἂν ἐδίδαξε: "it would have taught," past potential (S 1784). Xenophanes (c. 525) was a poet and philosopher from Colophon.
   Hecataeus (c. 500) was a geographer and historian from Miletus.

41 τὸ σοφόν = σοφία; subject of the clause.
γνώμην: here, "intelligent purpose."
ὁτέη = ἥτις.
ἐκυβέρνησε: gnomic aorist (S 1931).

42 ῥαπίζεσθαι: "to be cudgelled." Since Homer was a ῥαψῳδός, there is perhaps a pun here.
Archilochus (c. 650) was a poet from Paros.

43 πυρκαϊήν: "conflagration."

44 τείχεος: "(city) wall"; genitive.

45 ἐξεύροιο: aorist optative, < ἐξευρίσκω.
ἐπιπορευόμενος: "travelling."
λόγον: See on 1.

46 οἴησιν: "opinion, conceit."
ἱερὰν νόσον: The "sacred disease" was epilepsy.

47 εἰκῇ: "at random."
συμβαλλώμεθα: "conjecture," hortatory subjunctive.

48 βίος: "life"; a play on βιός, "bow."

49 εἷς: "one [man]," sc. "is worth."

49A Compare 12.

50 ἐμοῦ, λόγου: genitives with verb of hearing.

51 ξυνιᾶσι[ν]: < συνίημι, "understand."
ὅκως ... ὁμολογέει: "how [a thing] differing with itself agrees," or "agrees with itself."
παλίντροπος: "turning back." If this is the word Heraclitus used, it may have been picked up by Parmenides in Fr. 6.9 of his poem. However, Heraclitus may have said παλίντονος, "back-stretching," which makes equally good sense.

52 αἰών: "life, time, lifetime."
πεσσεύων: "playing checkers."
βασιλίη: sc. "is."

53 τοὺς ... ἀνθρώπους: "some it has shown [to be] gods, some men."

55 ὅσων ... μάθησις: "of as many [things] as [there is] sight, hearing, [or] learning."
προτιμέω: Ionic for προτιμάω, "prefer."

56 ἐξηπάτηνται: < ἐξαπατάω, "deceive," perfect passive.
παραπλησίως: "very much like" (+ dative).

τε γάρ = γάρ; perhaps corrupt (cf. GP 536).
φθείρας: "lice," with perhaps a play on φθείρω, "kill."
εἴδομεν: <ὁράω.

57 εἰδέναι: <οἶδα.
    εὐφρόνην: See on 26.

58 τοὺς ἀρρωστοῦντας: "those being unwell," i.e., "patients."
    ἐπαιτέονται: "ask besides."
    ταὐτά = τὰ αὐτά; i.e., things that are both good and bad.

59 γναφείῳ: "for the fuller's screw." Perhaps what H. has in mind here is that a screw, by turning, goes straight in or out.
    σκολιή: "crooked."

61 ἰχθύσι: "fish," dative plural.
    πότιμον, ἄποτον: "drinkable, undrinkable."

62 τὸν ... θάνατον, τὸν ... βίον: accusatives of duration ("during ... ") or cognate accusatives (e.g., "living a life"; S 1567).

63 ἔνθα δ' ἐόντι: marked by some editors as corrupt. F translates as "when he [God?] is there." More literally, "for one being there."
    ἐπανίστασθαι: "to rise up." The subject may be the *daimones* mentioned in a similar way by Hesiod, *Works and Days* 122f, 252f.
    ἐγερτί: "wakefully." Modifies either γίνεσθαι or ζώντων.

64 οἰακίζει: "steers."
    κεραυνός: "lightning bolt."

65 "need and satiety"; probably defining fire.

66 κρινεῖ: "perceive, select, judge"; future.

67 λιμός: "hunger."
    ἀλλοιοῦται: "[he] changes."
    συμμιγῇ: <συμμείγνυμι, aorist passive subjunctive.
    θυώμασιν: <θύωμα, "incense."
    ἡδονήν: here, "savor, taste, smell."

67A "As the spider, standing in the middle of the web, notices as soon as a fly breaks any thread and then quickly runs to the spot, as if grieving about the cutting of her thread, just so does the soul of a human being, when any part of the body is harmed, move swiftly to that place, as if disturbed by the wound of the body, to which it is tightly and determinately linked." (After K, who, however, lists this as a "dubious quotation.")

70 ἀθύρματα: "toys," describing δοξάσματα, "opinions."

71 τοῦ ἐπιλανθανομένου: "the one who forgets"; genitive with imperatival infinitive μεμνῆσθαι, "remind."
ᾗ: "whither."

72 ᾧ ... λόγῳ, τούτῳ διαφέροντι: "[The law] which ... with this they are at variance." διηνεκῶς: "continuously."

73 οὐ δεῖ: not "it is not necessary" but "it is necessary not," as often in Greek.

74 τοκεώνων: <τοκέων, "parent"; sc. either εἶναι or ποιεῖν καὶ λέγειν or ἀκούειν.

77 θάνατον: See on 62.

79 νήπιος ἤκουσε: "hears [himself called] childish," i.e., "is called childish" (LSJ s.v. ἀκούω III); the aorist is gnomic.
πρός: + genitive = "by," with passive verb.

80 ἐόντα: supplementary particle after verb of knowing; so also γινόμενα.
ξυνόν: here, "universal, shared, common."
χρεών: "necessity" (indeclinable neuter noun).

81 κοπίδων: <κόπις, "liar, cheat"; perhaps referring to Pythagoras.

82 πιθήκων: <πίθηκος, "ape."
αἰσχρός: "ugly."
συμβάλλειν: "to compare with"; epexegetic infinitive.

83 σοφίᾳ ... πᾶσιν: datives of respect.

84A "Changing, it rests" or "It rests by changing." The reference is to fire as a constituent of the human body.

84B αὐτοῖς: perhaps "men" or "elements of the body."
ἄρχεσθαι: either "begin" or "obey."

85 μάχεσθαι: "fight against," + dative.
ψυχῆς: genitive of price (S 1372).
ὠνεῖται: "buys."

86 ἀπιστίῃ: instrumental dative. K and others follow manuscript ἀπιστίη.

διαφυγγάνει=διαφεύγει. Subject is "divine things."
μή: redundant (S 2740).

87   βλάξ: "stupid."
     ἐπτοῆσθαι: <πτοέω, "fluster, frighten"; perfect passive infinitive.
     φιλεῖ: here, "is wont to be," as often.

88   ἔνι=ἔνεστι, "is in [us]."
     τάδε, ἐκεῖνα: "the latter [of each pair], the former."
     μεταπεσόντα: <μεταπίπτω, "change."
     κἀκεῖνα=καί ἐκεῖνα.

90   ἀνταμοιβή: "exchange."

91   ἔστιν: "it is possible."

92   Σίβυλλα: The Sibyl. This is the first occurrence of this name. It applies to a prophetic female variously located.
     ἀκαλλώπιστα καὶ ἀμύριστα: "unadorned and unperfumed [words]."
     χιλίων ἐτῶν: genitive of time within which.
     ἐξικνεῖται: "reaches out."

93   οὗ ... ἐστι: "to whom ... belongs," i.e., Apollo.

94   ὑπερβήσεται: <ὑπερβαίνω, "overstep."
     μιν: "him."

96   ἐκβλητότεροι: "more to be thrown out," <ἐκβάλλω.

97   ὧν: "[those] whom"; genitive by attraction to understood object of καταβαΰζουσιν, "bark at."

98   ὀσμῶνται: "perceive by smell."
     καθ' Ἄιδην: "throughout Hades."

99   ἕνεκα: here, "as far as regards," + genitive.

100 ὥρας: either "seasons" or "hours"; describing what the sun controls.

102 ἃ μὲν ... ἃ δὲ ... : "some things ... other things ...."
     ὑπειλήφασιν: <ὑπολαμβάνω, "take up, assume."

103 περιφερείας: "circumference."

104 δήμων ἀοιδοῖσι: "the people's bards."
     διδασκάλῳ: "as teacher"; predicative with ὁμίλῳ.
     "οἱ πολλοί ... ἀγαθοί": a saying attributed to Bias (see on 10).

106 ὡς ἀγνοοῦντι: "on the grounds that he [Hesiod] did not know"; dative with ἐπέπληξεν, "chastised, scolded."
οὖσαν: participle with verb of (not) knowing.

107 ἐχόντων: genitive absolute, "(with them) having," i.e., "if (they) have."

108 ὁκόσων=ὁπόσων, "of however many"; masculine.
ἐς ... γινώσκειν: "to the point of realizing."
κεχωρισμένον: <χωρίζω, "separate from," + genitive.
ὅτι=ὅ τι, "what." Or ὅτι="that" and σοφόν=σοφία (cf. 41).

109 =95.

111 νοῦσος=νόσος, "sickness."
ἀνάπαυσιν: "rest."

112 ἐπαΐοντας: "perceiving [things], paying heed"; accusative as subject of infinitives.

114 ἰσχυρίζεσθαι: "rely upon," + dative.
τῷ ξυνῷ πάντων: either "the common (element) of all, what is common to all," or "the (thing) shared by all (men)." Note pun on ξὺν νόῳ and ξυνῷ.
ἑνὸς τοῦ θείου: "one [law], the divine one."
περιγίνεται: "prevails, surpasses. is left over, is more than enough."

115 ἐστι: probably "there is."

116 ἀνθρώποισι ... μέτεστι: "there is a share for all men," i.e., "all men share in."

117 ἀνήβου: "beardless," a young boy not having reached ἥβη, i.e., younger than about 14.
σφαλλόμενος: "staggering."

119 ἀνθρώπῳ: to be taken with both ἦθος and δαίμων (here, "fate, destiny"); ἀπὸ κοινοῦ construction.

120 ἠοῦς: genitive of ἠώς, "dawn."
ἄρκτος: Where the Greeks saw "the Bear," we see the Big Dipper.
ἀντίον: "opposite," + genitive.
οὖρος: "guardian," i.e., Arkt-ouros (Arcturus).

121 ἄξιον Ἐφεσίοις: "the Ephesians deserve."
ἡβηδόν: "from youth upwards."
ἀπάγξασθαι: <ἀπάγχω, "strangle" or "hang."

ὀνήιστον=ὄνειστον, "most useful."
μηδὲ εἶς=μηδείς.
ἔστω: 3rd person singular imperative of εἰμί.
ἄλλῃ τε καί μετ' ἄλλων: "[let him be] elsewhere and with others."

123 φιλεῖ: either as in 87 or "likes to."
124 σάρμα: "sweepings."
εἰκῆ: See on 47.
κεχυμένων: "heaped up," <χέω, "pour"
125 "Even the potion separates if not stirred."
κυκεών: a mixture of barley and cheese in wine, which was stirred before serving.
125A ἐπιλίποι: optative without ἄν in a wish.
ἐξελέγχοισθε πονηρευόμενοι: "be convicted [as] acting wickedly."
126 αὐαίνεται: "becomes dry."
καρφαλέον νοτίζεται: "the parched becomes wet."

Selected Bibliography

John Burnet. *Early Greek Philosophy*[4] (London 1930).

Hermann Diels, *Die Fragmente der Vorsokratiker*, ed. by Walther Kranz (Berlin 1951)

Kathleen Freeman, *The Pre-Socratic Philosophers, A Companion to Diels, Fragmente der Vorsokratiker*[2] (Oxford 1966).

W.K.C. Guthrie, *A History of Greek Philosophy*, Vol. II, *The Presocratic Tradition from Parmenides to Democritus* (Cambridge, England, 1965).

M. Marcovich, *Heraclitus, editio maior* (Merida, Venezuela 1967).

Philip Wheelwright, *Heraclitus* (Princeton 1959).

ΗΡΑΚΛΕΙΤΟΥ ΠΕΡΙ ΦΥΣΕΩΣ

1 [2 Bywater]. SEXT. adv. math. VII 132 (Vgl. A 4. 16. B 51) τοῦ δὲ λόγου τοῦδ' ἐόντος ἀεὶ ἀξύνετοι γίνονται ἄνθρωποι καὶ πρόσθεν ἢ ἀκοῦσαι καὶ ἀκούσαντες τὸ πρῶτον· γινομένων γὰρ πάντων κατὰ τὸν λόγον τόνδε ἀπείροισιν ἐοίκασι, πειρώμενοι καὶ ἐπέων καὶ ἔργων τοιούτων, ὁκοίων ἐγὼ διηγεῦμαι κατὰ φύσιν διαιρέων ἕκαστον καὶ φράζων ὅκως ἔχει. τοὺς δὲ ἄλλους ἀνθρώπους λανθάνει ὁκόσα ἐγερθέντες ποιοῦσιν, ὅκωσπερ ὁκόσα εὕδοντες ἐπιλανθάνονται.

1. (*Heraklit, Blosons Sohn, aus Ephesos lehrt folgendes.*) Für der Lehre Sinn aber, wie er hier vorliegt, gewinnen die Menschen nie ein Verständnis, weder ehe sie ihn vernommen noch sobald sie ihn vernommen. Denn geschieht auch alles nach diesem Sinn, so gleichen sie doch Unerprobten, so oft sie sich erproben an solchen Worten und Werken, wie ich sie erörtere, nach seiner Natur ein jegliches zerlegend und erklärend, wie es sich verhält. Den anderen Menschen aber bleibt unbewußt, was sie nach dem Erwachen tun, so wie sie das Bewußtsein verlieren für das, was sie im Schlafe *tun*.

Bei der Neugestaltung der Übersetzung wurde mit verwendet die Übertragung von Snell (München 1926, Tuskulum-Bücher 11), vgl. dens. *Hermes* 61 (1926) 353ff.

3ff. Vorher ging etwa Ἡράκλειτος Βλόσωνος Ἐφέσιος τάδε λέγει. Vgl. Wilamowitz *Herakles*[2] I 186, danach andere ähnlich. Zur Wortverbindung im ersten Satz vgl. A 4. Daß ἀεί Z. 4 durch πρόσθεν und τὸ πρῶτον zerlegt wird, scheint sicher; Diels freilich verband mit anderen wie Clem. Strom. V 14 und Hippol. Ref. p. 241, 21 W ἀεί mit ἐόντος, so auch Capelle *Herm.* 59 (1924) 190ff. Aus der Fülle der Deutungen des Frag. seien noch besonders erwähnt Busse *Rhein. Mus.* 75 (1926) 203ff., Snell *Hermes* 61 (1926) 366; keinen Fortschritt bedeutet Loews Erklärung *Rhein. Mus.* 79 (1930) 124ff. Λόγος ist zugleich der des Buches und der Welt (Gegensatz: ἔπος vgl. E. Hoffmann *Die Sprache u. d. arch. Logik* S. 1ff.): er ist eben ξυνός (B 2); ὅδε kann zu Beginn der Schrift wohl nur auf diese selbst verweisen (anders Sextus A 16 I 148, 25). τοῦ δὲ Z. 3f. fehlt Sext.: τοῦ hat Arist. (A 4), τοῦ δὲ hat Hippol. a. O.; ebenso beide ἀεί Z. 4, Hipp. πάντων Z. 6. 4 γίνονται Sext. N, Hippol.: γίγνονται Sext. vulg. 7 ἀπείροισιν Sext. N: ἄπειροι (aus ἄπειρον ?) εἰσὶν Hipp.: ἄπειροι Sext. übr. Hss. 8f. so Sext.: διερέων κατὰ φύσιν (ohne ἕκαστον!) Hipp.

2 [92]. SEXT. VII 133 [vgl. I 148, 26] διὸ δεῖ ἕπεσθαι τῶι ⟨ξυνῶι, τουτέστι τῶι⟩ κοινῶι· ξυνὸς γὰρ ὁ κοινός. τοῦ λόγου δ' ἐόντος ξυνοῦ ζώουσιν οἱ πολλοὶ ὡς ἰδίαν ἔχοντες φρόνησιν.

3 [0]. AËT. II 21, 4 (D. 351, 20) (περὶ μεγέθους ἡλίου) εὖρος ποδὸς ἀνθρωπείου.

4 [J. of phil. IX 230]. ALBERTUS M. de veget. VI 401 p. 545 Meyer H. dixit quod *Si felicitas esset in delectationibus corporis, boves felices diceremus, cum inveniant orobum ad comedendum.*

5 [130. 126]. ARISTOCRITUS Theosophia 68 (Buresch *Klaros* S. 118), ORIG. c. CELS. VII 62 καθαίρονται δ' ἄλλωι αἵματι μιαινόμενοι οἷον εἴ τις εἰς πηλὸν ἐμβὰς πηλῶι ἀπονίζοιτο. μαίνεσθαι δ' ἂν δοκοίη, εἴ τις αὐτὸν ἀνθρώπων ἐπιφράσαιτο οὕτω ποιέοντα. καὶ τοῖς ἀγάλμασι δὲ του-

---

2. Drum ist es Pflicht, dem Gemeinsamen zu folgen. Aber obschon der Sinn gemeinsam ist, leben die Vielen, als hätten sie eine eigene Einsicht.

3. Die Sonne hat (wie sie erscheint) die Breite des menschlichen Fußes.

4. Bestände das Glück in körperlichen Genüssen, so müßte man die Ochsen glücklich nennen, wenn sie Erbsen zu fressen finden.

5. Aber Reinigung von (Blutschuld) suchen sie, indem sie sich mit neuem Blut besudeln, wie wenn einer, der in Kot getreten, sich mit Kot abwaschen wollte. Für wahnsinnig (μιαινόμενος: μαινόμενος) würde ihn doch halten, wer etwa von den Leuten ihn bei solchem Treiben entdeckte. Und sie beten auch zu den Götterbildern da,

---

1 ⟨ ⟩ Bekker   2ff. Vgl. B 113.   5f. vgl. A 1 (I 141, 12f.), Reinhardt *Parmenides* S. 237   8 Es ist fraglich, ob die hypothetische Fassung und der ganze Vordersatz authentisch ist. Vielleicht betont das Fr. die Relativität wie B 9. 13. 37. 61   11 Aristokritos der Manichäer (5. Jahrh.); vgl. Brinkmann *Rhein. Mus.* 51 (1896) 273   12 vgl. Hipp. d. morb. sacr. 1 (VI 362, 6 L.)   ἄλλως Hss., fehlt Elias z. Greg. Naz. 25, 15: ἄλλωι verb. H. Fränkel (brieflich): καθ. δ' αἵματι ⟨αἵματι⟩ μιαιν. Kochalsky   13 οἷον] ὥσπερ ἂν Elias   14 [ἀνθρώπων] Wilamowitz *Glaube d. Hellen.* II 209[1]   ἐπιφράζομαι steht genau wie Hom. θ 94 = 533 (beigeordnet ἀκούω, begründend ἥμενος ἀγχί), unrichtig gedeutet von H. Fränkel *Nachr. d. Gött. Ges.* 1924, 106, der danach auch die erste Hälfte des Frag. 5 erklärt   15 δὲ lassen fort Clem. Protr. 4, Orig., denen Wilamowitz a. O. folgt

τέοισιν εὔχονται, ὁκοῖον εἴ τις δόμοισι λεσχηνεύοιτο, οὔ τι γινώσκων θεοὺς οὐδ' ἥρωας οἵτινές εἰσι.

6 [32]. ARISTOTELES Meteor. B 2. 355a 13 [vgl. 68 B 158] ὁ ἥλιος οὐ μόνον, καθάπερ ὁ ῾Η. φησι, νέος ἐφ' ἡμέρηι ἐστίν, ἀλλ' ἀεὶ νέος συνεχῶς.

7 [37]. — de sensu 5. 443a 23 εἰ πάντα τὰ ὄντα καπνὸς γένοιτο, ῥῖνες ἂν διαγνοῖεν.

8 [46]. — Eth. Nic. Θ 2. 1155b 4 ῾Η. τὸ ἀντίξουν συμφέρον καὶ ἐκ τῶν διαφερόντων καλλίστην ἁρμονίαν [καὶ πάντα κατ' ἔριν γίνεσθαι = B 80].

9 [51]. — — K 5. 1176a 7 ἑτέρα γὰρ ἵππου ἡδονὴ καὶ κυνὸς καὶ ἀνθρώπου, καθάπερ ῾Η. φησιν ὄνους σύρματ' ἂν ἑλέσθαι μᾶλλον ἢ χρυσόν· ἥδιον γὰρ χρυσοῦ τροφὴ ὄνοις.

10 [59]. [Arist.] de mundo 5. 396b 7 ἴσως δὲ τῶν ἐναντίων ἡ φύσις γλίχεται καὶ ἐκ τούτων ἀποτελεῖ τὸ σύμφωνον, οὐκ ἐκ τῶν ὁμοίων· ὥσπερ ἀμέλει τὸ ἄρρεν συνήγαγε πρὸς τὸ θῆλυ καὶ οὐχ ἑκάτερον πρὸς τὸ ὁμόφυλον καὶ τὴν πρώτην ὁμόνοιαν διὰ τῶν

---

wie wenn einer mit Gebäuden eine Unterhaltung pflegen wollte, weil man nicht Götter erkennt und Heroen als das was sie sind.

6. *Die Sonne* neu an jedem Tag.

7. Würden alle Dinge zu Rauch, so würde man sie mit der Nase unterscheiden.

8. Das widereinander Strebende zusammengehend; aus dem auseinander Gehenden die schönste Fügung.

9. Esel würden Häckerling dem Golde vorziehen.

10. *Auch die Natur strebt wohl nach dem Entgegengesetzten und bringt hieraus und nicht aus dem Gleichen den Einklang hervor, wie sie z. B. das männliche mit dem weiblichen Geschlechte paarte und nicht etwa beide mit dem gleichen, und die erste Eintracht durch Vereinigung*

---

2 γινώσκων ... εἰσι fehlt Aristokr., der aus ουτι sinnlos θύειν machte vgl. 22 C 1 § 11. Der Singular archaisch statt γινώσκοντες, wie H. Weil lesen wollte   6 über B 7 vgl. Patin *Einheitsl.* (Leipzig 1886) S. 17. Doch vgl. B 98   9 ἐκ τῶν διαφερόντων καλλίστην scheint ebenfalls Heraklitisch vgl. I 153, 6 und B 124. ἁρμονίη nicht *Akkord* (das wäre moderne Polyphonie), sondern Verbindung verschiedener Töne zu einem Melos (vgl. A 22 I 149, 28f.); ἐν διαφόροις φωναῖς (I 153, 6) geht auf Zusammensingen verschiedener Individuen   12 ὄνους K, Mich.: ὄνον L   13 μᾶλλον läßt Mich. 570, 22 aus, wahrscheinlich richtig

ἐναντίων συνῆψεν, οὐ διὰ τῶν ὁμοίων. ἔοικε δὲ καὶ ἡ τέχνη τὴν φύσιν μιμουμένη τοῦτο ποιεῖν· ζωγραφία μὲν γὰρ λευκῶν τε καὶ μελάνων ὠχρῶν τε καὶ ἐρυθρῶν χρωμάτων ἐγκερασαμένη φύσεις τὰς εἰκόνας τοῖς προηγουμένοις ἀπετέλεσε συμφώνους, μουσικὴ δὲ ὀξεῖς ἅμα καὶ βαρεῖς μακρούς τε καὶ βραχεῖς φθόγγους μείξασα ἐν διαφόροις φωναῖς μίαν ἀπετέλεσεν ἁρμονίαν, γραμματικὴ δὲ ἐκ φωνηέντων καὶ ἀφώνων γραμμάτων κρᾶσιν ποιησαμένη τὴν ὅλην τέχνην ἀπ' αὐτῶν συνεστήσατο. ταὐτὸ δὲ τοῦτο ἦν καὶ τὸ παρὰ τῶι σκοτεινῶι λεγόμενον Ἡρακλείτωι· **συνάψιες ὅλα καὶ οὐχ ὅλα, συμφερόμενον διαφερόμενον, συνᾶιδον διᾶιδον, καὶ ἐκ πάντων ἓν καὶ ἐξ ἑνὸς πάντα.** Vgl. Plato Sophist. 242 D [A 10. 31 A 29].

11 [55]. [Arist.] de mundo 6 p. 401 a 8 τῶν τε ζώιων τά τε ἄγρια καὶ ἥμερα τά τε ἐν ἀέρι καὶ ἐπὶ γῆς καὶ ἐν ὕδατι βοσκόμενα γίνεταί τε καὶ ἀκμάζει καὶ φθείρεται τοῖς τοῦ θεοῦ πειθόμενα θεσμοῖς· **πᾶν γὰρ ἑρπετὸν πληγῆι νέμεται,** ὥς φησιν Ἡράκλειτος.

---

des Gegensätzlichen, nicht des Gleichartigen herstellte. Auch die Kunst bringt dies, offenbar durch Nachahmung der Natur, zustande. Die Malerei mischt auf dem Bilde die Bestandteile der weißen und schwarzen der gelben und roten Farbe und bewirkt dadurch Übereinstimmung mit dem Vorbild; die Musik mischt hohe und tiefe, lange und kurze Töne in verschiedenen Stimmen und bringt dadurch eine einheitliche Harmonie zustande; die Schreibkunst mischt Vokale und Konsonanten und stellt daraus die ganze Kunst zusammen. Das gleiche spricht sich auch in dem Worte des dunklen Herakleitos aus: Verbindungen: Ganzes und Nichtganzes, Einträchtiges Zwieträchtiges, Einklang Zwieklang, und aus Allem Eins und aus Einem Alles.

11. Alles, was da kreucht, wird mit *Gottes* (Geißel)schlag gehütet.

1ff. Vgl. 22 C 1 § 15ff.   zum Ganzen vgl. 22 A 22   7 γραμματική] vgl. 22 C 1 § 24   10 συνάψιες Arist. OR: συλλάψιες (übergeschr. v) Lips: συνλατιψιδις oder συνατιψιδις (d. i. συνλαψιες oder συναψιες, δι = αι = ε) Apul. d. m. 36. Vgl. *Berl. Sitz. Ber.* 1901, 188ff.: συλλάψιες (das dem Sinn weniger entspricht, aber formell untadelig ist) zieht Hoffmann Gr. Dial. III 240 vor   ὅλα καὶ οὐχ ὅλα Apul., Ar. P, Stob.: οὖλα καὶ οὐχὶ οὖλα (Verderbliches und nicht Verderbliches) Arist. cett. Vgl. 22 C 1 § 15   nach συμφερόμενον fügen καὶ (dittogr. vor δια) zu Ar. plerique   16 πληγῆι kann nach dem Zusammenhange nur von Gott gesagt sein, wie A 14a. C 4, 7 bestätigen (vgl. Aesch. Ag. 367. Soph. Aias 137). Doch ist θεοῦ vor πληγῆι nicht mehr zugesetzt, weil dies aus Heraklits Zusammenhang folgen konnte und die Spuren von θῦ bei Apuleius zweifelhaft sind. Anders erklärt Wila-

12 [41. 42]. Arius Did. ap. Eus. P. E. xv 20 (D. 471, 1) Ζήνων τὴν ψυχὴν λέγει αἰσθητικὴν ἀναθυμίασιν, καθάπερ Ἡ.· βουλόμενος γὰρ ἐμφανίσαι, ὅτι αἱ ψυχαὶ ἀναθυμιώμεναι νοεραὶ ἀεὶ γίνονται, εἴκασεν αὐτὰς τοῖς ποταμοῖς λέγων οὕτως· ποταμοῖσι τοῖσιν αὐτοῖσιν ἐμβαίνουσιν ἕτερα καὶ ἕτερα ὕδατα ἐπιρρεῖ· καὶ ψυχαὶ δὲ ἀπὸ τῶν ὑγρῶν ἀναθυμιῶνται(?) [vgl. B 49a. 91 und A 6. 15].

13 [54]. Athen. v p. 178 f δεῖ γὰρ τὸν χαρίεντα μήτε ῥυπᾶν μήτε αὐχμεῖν μήτε βορβόρωι χαίρειν καθ' Ἡράκλειτον. [Vgl. B 9]. Clem. Strom. I 2 (II 4, 3 St.) ὕες βορβόρωι ἥδονται μᾶλλον ἢ καθαρῶι ὕδατι. [Vgl. B 37. 68 B 147. Plotin. I 6, 6. Aegypt. Ostrakon 12319 Wilamowitz Berl. Sitz. Ber. 1918, 743, 12].

14 [124. 125]. Clem. Protr. 22 (p. 16, 24 St.) τίσι δὴ μαντεύεται Ἡ. ὁ Ἐφέσιος; νυκτιπόλοις, μάγοις, βάκχοις, λήναις, μύσταις· τούτοις ἀπειλεῖ τὰ μετὰ θάνατον, τούτοις μαντεύεται τὸ πῦρ· τὰ γὰρ νομιζόμενα κατ' ἀνθρώπους μυστήρια ἀνιερωστὶ μυεῦνται.

15 [127]. — — 34 (p. 26, 6) εἰ μὴ γὰρ Διονύσωι πομπὴν ἐποιοῦντο καὶ ὕμνεον ἆισμα αἰδοίοισιν, ἀναιδέστατα

---

12. Denen, die in dieselben Flüsse hineinsteigen, strömen andere und wieder andere Wasserfluten zu. Aber auch Seelen dünsten aus dem Feuchten hervor (?).

13. (Schweine) erfreuen sich am Dreck (mehr als an reinem Wasser).

14. Wem prophezeit Heraklit? Den Nachtschwärmern, Magiern, Bakchen, Mänaden und Mysten. Diesen droht er mit der Strafe nach dem Tode, diesen prophezeit er das Feuer. Denn die Weihung in die Mysterienweihen, wie sie bei den Menschen im Schwange sind, ist unheilig.

15. Denn wenn es nicht Dionysos wäre, dem sie die Prozession veranstalten und das Lied singen für das Schamglied (Phallos), so

---

mowitz Leseb. II 132 (dagegen Theophr. d. sens. 31) und H. Gomperz Z. f. ö. Gymn. 1910, 963. Anspiel. bei Plato Critias 109 bc (danach die Neuplatoniker Procl. in r. p. II 20, 24 Kr., in Alc. I p. 279 Cr., Olympiod. in Alc. I p. 178 Cr. vgl. Berl. Sitz. Ber. 1901, 196)
2 αἴσθησιν ἢ ἀναθυμίασιν Hss.: verb. E. Wellmann ἀναθυμίασις als Heraklitischen Ausdruck erkannte J. Woltjer (Feestbundel Prof. Bort p. 141, anders Wilamowitz Herm. 62, 1927, 276), der Z. 6 schreibt ἀναθυμιόμεναι. Zum letzten Satz vgl. B 36. Den ersten Gedanken fortführend ἀναθυμιῶνται ⟨ἕτεραι καὶ ἕτεραι⟩ H. Gomperz, ⟨ἀεὶ⟩ vor ἀπὸ τ. ὑγρ. Capelle 17 μυοῦνται Clem.: μυεῦνται Euseb. O: μύονται Euseb. H

εἴργαστ' ἄν· ὡυτὸς δὲ Ἀίδης καὶ Διόνυσος, ὅτεωι μαίνονται καὶ ληναΐζουσιν.

16 [27]. CLEM. Paedag. II 99 (I 216, 28 St.) λήσεται μὲν γὰρ ἴσως τὸ αἰσθητὸν φῶς τις, τὸ δὲ νοητὸν ἀδύνατόν ἐστιν, ἢ ὥς φησιν Ἡ.· τὸ μὴ δῦνόν ποτε πῶς ἄν τις λάθοι;

17 [5]. — Strom. II 8 (II 117, 1 St.) οὐ γὰρ φρονέουσι τοιαῦτα πολλοί, ὁκόσοι ἐγκυρεῦσιν, οὐδὲ μαθόντες γινώσκουσιν, ἑωυτοῖσι δὲ δοκέουσι.

18 [7]. — — II 17 (II 121, 24) ἐὰν μὴ ἔλπηται, ἀνέλπιστον οὐκ ἐξευρήσει, ἀνεξερεύνητον ἐὸν καὶ ἄπορον. [Vgl. B 27].

19 [6]. — — II 24 (II 126, 5) ἀπίστους εἶναί τινας ἐπιστύφων Ἡ. φησιν· ἀκοῦσαι οὐκ ἐπιστάμενοι οὐδ' εἰπεῖν.

20 [86]. — — III 14 (II 201, 23) Ἡ. γοῦν κακίζων φαίνεται τὴν γένεσιν, ἐπειδὰν φῆι· γενόμενοι ζώειν ἐθέλουσι μόρους τ' ἔχειν, μᾶλλον δὲ ἀναπαύεσθαι, καὶ παῖδας καταλείπουσι μόρους γενέσθαι.

---

wär's ein ganz schamloses Treiben: Derselbe aber ist Hades und Dionysos, dem sie da toben und ihr Lenaienfest feiern!

16. Wie kann einer sich bergen vor dem, was nimmer untergeht?
17. (Denn) es verstehen solches viele nicht, soviele auch darauf stoßen, noch erkennen sie es, wenn sie es lernen; aber sie bilden es sich ein.
18. Wenn er's nicht erhofft, das Unerhoffte wird er nicht finden, da es unaufspürbar ist und unzugänglich.
19. Leute, die weder zu hören verstehen noch zu reden.
20. *Heraklit scheint die Geburt als ein Unglück zu betrachten, wenn er sagt*: Wann sie geboren sind, haben sie Willen zu leben und dadurch ihr Todeslos zu haben — oder vielmehr auszuruhen — und sie hinterlassen Kinder, daß wieder Todeslose entstehen.

---

1 εἴργαστ' ἄν Schleiermacher: εἴργασται Clem., hält für verschrieben Wilamowitz *Glaube d. Hellenen* II 209² 4 νοητὸν] das ewige Feuer Heraklits, in platonischer Terminologie 6 τοσαῦτα Th. Gomperz 7 ⟨οἱ⟩ πολλοί Bergk [πολλοί] Reinhardt ὁκόσοι Clem. (22 B 1 vergleicht H. Gomperz *Z. f. ö. G.* 1910, 963): ὁκοίοις Bergk vgl. A 16 § 128: ὁκόσοις Wilamowitz *Glaube d. Hellen.* II 114¹, der gleichfalls Opposition gegen Archilochos fr. 68 D. annimmt; aber wie paßt ὁκόσοις zu τοιαῦτα? ἐγκυρεῦσιν Diels vgl. B 72: ἐγκυρσεύουσιν Clem.: ἐγκύρσωσιν Bergk παθόντες Brinkmann 9 hinter ἀνέλπιστον statt ἔλπηται interp. Th. Gomperz *Wien. Sitz. Ber.* 1886, 999 vgl. Reinhardt *Parmenides* S. 62³ ἐλπίζητε ... εὑρήσετε Theodoret. »Hoffen« im Mysteriensinn? 14 φῆι Diels: φησίν Clem. 15 μᾶλλον δὲ ἀναπαύεσθαι hält Mullach falsch für Zusatz des Clem. παῖδας καταλείπουσι κτλ.] vgl. Ennius Telamo 312 p. 177 Vahl.²

21 [64]. CLEM. Strom. III 21 (II 205, 7) οὐχὶ καὶ Ἡ. θάνατον τὴν γένεσιν καλεῖ ... ἐν οἷς φησι· θάνατός ἐστιν ὁκόσα ἐγερθέντες ὁρέομεν, ὁκόσα δὲ εὕδοντες ὕπνος.

22 [8]. — — IV 4 (II 249, 23) χρυσὸν γὰρ οἱ διζήμενοι γῆν πολλὴν ὀρύσσουσι καὶ εὑρίσκουσιν ὀλίγον.

23 [60]. — — — 10 (II 252, 25) Δίκης ὄνομα οὐκ ἂν ᾔδεσαν, εἰ ταῦτα μὴ ἦν.

24 [102]. — — — 16 (II 255, 30) ἀρηιφάτους θεοὶ τιμῶσι καὶ ἄνθρωποι.

25 [101]. — — — 50 (II 271, 3) μόροι γὰρ μέζονες μέζονας μοίρας λαγχάνουσι.

26 [77]. — — — 143 (II 310, 21) ἄνθρωπος ἐν εὐφρόνηι φάος ἅπτεται ἑαυτῶι [ἀποθανών] ἀποσβεσθεὶς ὄψεις, ζῶν δὲ ἅπτεται τεθνεῶτος εὕδων, [ἀποσβεσθεὶς ὄψεις], ἐγρηγορὼς ἅπτεται εὕδοντος.

---

21. Tod ist alles, was wir erwacht schauen, was aber im Schlummer, Schlaf (Dämmerung), ⟨was aber im Tode, Leben⟩.

22. (Denn) die Goldsucher graben viel Erde und finden wenig.

23. Des Rechtes Namen würden sie nicht kennen, wenn es dieses (das Ungerechte?) nicht gäbe.

24. Im Kriege Gefallene ehren Götter und Menschen.

25. (Denn) größeres Todesgeschick erlost größeren Lohn (μόρος : μοῖρα).

26. Der Mensch rührt (zündet sich) in der Nacht ein Licht an, wann sein Augenlicht erloschen. Lebend rührt er an den Toten im Schlaf; im Wachen rührt er an den Schlafenden.

---

3 nach ὕπνος folgte wohl ὁκόσα δὲ τεθνηκότες ζωή vgl. B 26   6 Clem. 'δικαίωι γὰρ οὐ κεῖται νόμος' ἡ γραφή (1. Timoth. 1, 9) φησιν· καλῶς οὖν Ἡ. 'δίκης κτλ.   ᾔδεσαν Sylburg: ἔδησαν Hs.: ἔδεισαν Hoeschel   7 ταῦτα] unverständlich; auch Reinhardts ταὐτά (Parmenides S. 204¹). τάδικα od. τἀντία?   10 μόροι Clem.: μόνοι Theodor.   μείζονας μοίρας Theod. Vgl. Philem. fr. 96, 7 (II 508 K.) λύπας δ' ἔχοντας μείζονας τοὺς μείζονας. Plato Crat. 398 B ἐπειδάν τις ἀγαθὸς ὢν τελευτήσηι, μεγάλην μοῖραν καὶ τιμὴν ἔχει καὶ γίγνεται δαίμων κατὰ τὴν τῆς φρονήσεως ἐπωνυμίαν.   13f. ἀποθανών tilgte als Glosse, das zweite ἀποσβ. ὄψεις als Dittographie Wilamowitz, Diels tilgte nur das erste ἀποσβ. ὄψεις und interpung. mit E. Schwartz nach δὲ Z. 14. Der Gedanke entspricht dem von B 21. Die vielen anderen Erklärungsversuche können hier nicht erwähnt werden

27 [122]. — — — 146 (π 312, 15) ἀνθρώπους μένει ἀποθανόντας ἅσσα οὐκ ἔλπονται οὐδὲ δοκέουσιν.

28 [118]. — — ν 9 (π 331, 20) δοκέοντα γὰρ ὁ δοκιμώτατος γινώσκει, φυλάσσει· καὶ μέντοι καὶ Δίκη καταλήψεται ψευδῶν τέκτονας καὶ μάρτυρας.

29 [111b]. — — — 60 (π 366, 11) [nach B 104] vgl. ιν 50 (π 271, 17) αἱρεῦνται γὰρ ἓν ἀντὶ ἁπάντων οἱ ἄριστοι, κλέος ἀέναον θνητῶν· οἱ δὲ πολλοὶ κεκόρηνται ὅκωσπερ κτήνεα.

30 [20]. — — — 105 (π 396, 10) [Plut. d. anim. 5 p. 1014 A] κόσμον τόνδε, τὸν αὐτὸν ἁπάντων, οὔτε τις θεῶν

---

27. Der Menschen wartet, wenn sie gestorben, was sie nicht hoffen noch wähnen.

28. (Denn) nur Glaubliches ist, was der Glaubwürdigste erkennt, festhält. Aber freilich Dike wird auch zu fassen wissen der Lügen Schmiede und Zeugen.

29. (Denn) eins gibt es, was die Besten allem anderen vorziehen: den ewigen Ruhm den vergänglichen Dingen; die Vielen freilich liegen da vollgefressen wie das Vieh.

30. Diese Weltordnung, dieselbige für alle *Wesen*, schuf weder einer der Götter noch der Menschen, sondern sie war immerdar und ist

---

1 ἀποθανόντας Clem. Strom.: τελευτήσαντας Protr. 2 (Paraphr.): ἀποθνήσκοντας Theodor. 3 δοκεόντων Clem.: verb. Schleiermacher 4 γινώσκει φυλάσσειν Clem.: γινώσκειν φυλάσσει Schleierm.: verb. Diels. Vgl. Hipp. de vict. ac. morb. 11 τόδε γε μὴν καὶ φύλασσουσι καὶ γινώσκουσιν, ὅτι μεγάλην βλάβην φέρει κτλ.   καὶ μὲν πῦρ καὶ Δίκη Wilam. *Hippol.* S. 237 vgl. Clem. nach diesem Zitat: οἶδεν γὰρ καὶ οὗτος ἐκ τῆς βαρβάρου φιλοσοφίας μαθὼν τὴν διὰ πυρὸς κάθαρσιν τῶν κακῶς βεβιωκότων ἣν ὕστερον ἐκπύρωσιν ἐκάλεσαν οἱ Στωικοί   καταλήψεται] = *wird verurteilen* Wilam. a. O.   5 vgl. Schottlaender *Herm.* 62 (1927) 443f.   ἓν ἀντὶ ἁπάντων] ἐναντία πάντων Clem. ν 60 (L): ἓν ἀντὶ πάντων Clem. ιν 50 (π 271, 17)   κλέος ἀέναον (scil. ἀντὶ) θνητῶν] vgl. Anon. Iambl. 5, 2 [c. 88, 5 g. E.]. Zur Wortstellung vgl. Wenkebach *Herm.* 43 (1908) 91f. Anders Wilam. *Leseb.*: θνητῶν = τῶν ἀνθρώπων, das sei die Ansicht der ἄριστοι, nicht Heraklits   8 κεκορέαται Cobet Λογ. Ἑρμῆς I 534   ὅπως Clem. a. O.: οὐχ ὥσπερ Clem. ιν 7. Gewöhnlich wird Fr. 29 direkt mit 104 verbunden. Aber Clem. schiebt den Gedanken τοὺς ἀρίστους δὲ τὸ κλέος μεταδιώκειν dazwischen und das kann aus ganz anderer Stelle herrühren   11 τόνδε fehlt Clem.: zugefügt aus Plut., Simpl. d. cael. 294, 15   τὸν αὐτὸν ἁπάντων Clem.: fehlt Plut., Simpl.

οὔτε ἀνθρώπων ἐποίησεν, ἀλλ' ἦν ἀεὶ καὶ ἔστιν καὶ ἔσται πῦρ ἀείζωον, ἁπτόμενον μέτρα καὶ ἀποσβεννύμενον μέτρα.

31 [21]. CLEM. Strom. v 105 (II 396, 13) [nach 30] ὅτι δὲ καὶ γενητὸν καὶ φθαρτὸν εἶναι ἐδογμάτιζεν, μηνύει τὰ ἐπιφερόμενα· πυρὸς τροπαὶ πρῶτον θάλασσα, θαλάσσης δὲ τὸ μὲν ἥμισυ γῆ, τὸ δὲ ἥμισυ πρηστήρ. δυνάμει γὰρ λέγει ὅτι τὸ πῦρ ὑπὸ τοῦ διοικοῦντος λόγου καὶ θεοῦ τὰ σύμπαντα δι' ἀέρος τρέπεται εἰς ὑγρὸν τὸ ὡς σπέρμα τῆς διακοσμήσεως, ὃ καλεῖ θάλασσαν, ἐκ δὲ τούτου αὖθις γίνεται γῆ καὶ οὐρανὸς καὶ τὰ ἐμπεριεχόμενα. ὅπως δὲ πάλιν ἀναλαμβάνεται καὶ ἐκπυροῦται, σαφῶς διὰ τούτων δηλοῖ· [23] ⟨γῆ⟩ θάλασσα διαχέεται, καὶ μετρέεται εἰς τὸν αὐτὸν λόγον, ὁκοῖος πρόσθεν ἦν ἢ γενέσθαι γῆ.

---

und wird sein ewig lebendiges Feuer, erglimmend nach Maßen und erlöschend nach Maßen.

31. Feuers Umwende: erstens Meer, vom Meere aber die eine Hälfte Erde, die andere Hälfte Gluthauch. *Das bedeutet, daß das Feuer durch den das Weltall regierenden Sinn oder Gott durch die Luft hindurch in Wasser verwandelt wird als den Keim der Weltbildung, den er Meer nennt. Daraus entsteht wiederum Erde, Himmel und das dazwischen Liegende. Wie dann die Welt wieder ins Ursein zurückkehrt und der Weltbrand entsteht, spricht er klar im folgenden aus*: Die Erde zerfließt als Meer und dieses erhält sein Maß nach demselben Sinn (Verhältnis) wie er galt, ehe denn es Erde ward.

---

2 μέτρια Simpl. a. O. cod. A und Galen VII 617. μέτρα innerer Akkusativ = μεμετρημένας ἅψεις ἁπτόμενον καὶ μεμετρημένας σβέσεις σβεννύμενον. Vgl. B 94. Zu Reinhardts Deutung *Parmenides* S. 170ff. vgl. Zeller-Nestle I 810. Starke Interpunktion nach ἔσται (H. Gomperz *Herm.* 58, 1923, 49) scheint unmöglich 7 ὅτι τὸ πῦρ Eus.: ὅτι πῦρ Clem. 12 ⟨γῆ⟩ nach anderen Kranz: der Satz kehrt am Schluß wie öfter bei H. zum Anfang zurück. Diels hielt πῦρ für das Subjekt; allein es ist das letzte (γῆ) und mittlere (θάλασσα) Stadium der ἄνω ὁδός gemeint vgl. A 1 § 9 I 141, 27 ff. (wo auch χεῖσθαι). Dabei wird das frühere (Z. 6) μέτρον (Z. 13) wieder voll erreicht. Der letzte Satz des Zitates, der die Rückwandlung in das erste Stadium (πῦρ) brachte, ist im Text ausgefallen. Zur ὁδὸς ἄν. κάτ. vgl. auch Pascal *Studi critici sul poema di Lucrezio* (Roma 1903) p. 80ff. 13 εἰς τὸν αὐτὸν λόγον] vgl. Lucr. v 257, auch B 67a πρόσθεν Euseb.: πρῶτον Clem. 14 γῆ Clem.: fehlt Eus.; γῆν (Schuster, Brieger) ist falsch

32 [65]. — — — 116 (II 404, 1) ἓν τὸ σοφὸν μοῦνον λέγεσθαι οὐκ ἐθέλει καὶ ἐθέλει Ζηνὸς ὄνομα.

33 [110]. — — — νόμος καὶ βουλῆι πείθεσθαι ἑνός.

34 [3]. — — —'ἀξύνετοι ἀκούσαντες κωφοῖσιν ἐοίκασι· φάτις αὐτοῖσιν μαρτυρεῖ παρεόντας ἀπεῖναι.

35 [49]. — — 141 (II 421, 4) χρὴ γὰρ εὖ μάλα πολλῶν ἵστορας φιλοσόφους ἄνδρας εἶναι καθ' Ἡράκλειτον.

36 [68]. — — VI 16 (II 435, 25) ψυχῆισιν θάνατος ὕδωρ γενέσθαι, ὕδατι δὲ θάνατος γῆν γενέσθαι, ἐκ γῆς δὲ ὕδωρ γίνεται, ἐξ ὕδατος δὲ ψυχή. [Vgl. B 76].

37 [53]. COLUMELLA VIII 4 *si modo credimus Ephesio Heracleto qui ait sues caeno* [vgl. B 13], *cohortales aves pulvere vel cinere lavari.*

38 [33]. DIOG. I 23 [11 A 1 Thales] δοκεῖ δὲ κατά τινας πρῶτος ἀστρολογῆσαι ... μαρτυρεῖ δ' αὐτῶι καὶ Ἡ. καὶ Δημόκριτος.

---

32. Eins, das allein Weise, will nicht und will doch mit dem Namen des Zeus benannt werden.

33. Gesetz *heißt* auch dem Willen eines einzigen folgen.

34. Sie verstehen es nicht, auch wenn sie es vernommen; so sind sie wie Taube. Das Sprichwort bezeugt's ihnen: 'Anwesend sind sie abwesend'.

35. (Denn) gar vieler Dinge kundig müssen weisheitsliebende Männer sein.

36. Für Seelen ist es Tod Wasser zu werden, für Wasser aber Tod Erde zu werden. Aus Erde aber wird Wasser und aus Wasser Seele.

37. Säue baden in Kot, Geflügel in Staub oder Asche.

38. *Thales erforschte nach einigen als erster die Gestirne. Das bezeugt auch Heraklit und Demokrit.*

---

1 B 32 verbindet unrichtig mit 41 Th. Gomperz   2 οὐκ ἐθέλει, weil er mit dem vulgären Zeus nicht einverstanden ist, ἐθέλει, wenn er wie 21 B 23 als Einheit gefaßt wird   3 'vgl. Xenoph. Mem. I 2, 43' Heidel 5 ἀπεῖναι Eus.: ἀπιέναι Clem.   6 εὖ μάλα πολλῶν ἵστορας als allein echt betrachtet Wilam. *Phil. Unt.* I 215. Aber φιλόσοφος ist gewiß schon ionisch [vgl. Herod. I 30; Hippocr. I 620. IX 232 L.], vielleicht Heraklits Schöpfung, da σοφόν bei ihm technische Bedeutung hat (B 32). Porph. abst. II 49 ἵστωρ γὰρ πολλῶν ὁ ὄντως φιλόσοφος scheint Zitat. Freilich scheint inhaltlich Frag. 40 (und 129) zu widersprechen, wenn Fr. 35 nicht als Meinung der πολλοί angeführt wurde

39 [112]. Diog. i 88 ἐν Πριήνηι Βίας ἐγένετο ὁ Τευτάμεω, οὗ πλείων λόγος ἢ τῶν ἄλλων. [Vgl. Β 104].
40 [16]. — ix 1 [s. A 1 i 140, 2, vgl. Athen. xiii 610 b] πολυμαθίη νόον ἔχειν οὐ διδάσκει· Ἡσίοδον γὰρ ἂν ἐδίδαξε καὶ Πυθαγόρην αὖτίς τε Ξενοφάνεά τε καὶ Ἑκαταῖον.
41 [19]. — — [anschl. an 40] εἶναι γὰρ ἓν τὸ σοφόν, ἐπίστασθαι γνώμην, ὁτέη ἐκυβέρνησε πάντα διὰ πάντων.
42 [119]. — — τόν τε Ὅμηρον ἔφασκεν ἄξιον ἐκ τῶν ἀγώνων ἐκβάλλεσθαι καὶ ῥαπίζεσθαι καὶ Ἀρχίλοχον ὁμοίως [vgl. A 22 B 56].
43 [103]. — — 2 ὕβριν χρὴ σβεννύναι μᾶλλον ἢ πυρκαϊήν.
44 [100]. — — μάχεσθαι χρὴ τὸν δῆμον ὑπὲρ τοῦ νόμου ὅκωσπερ τείχεος.

---

39. In Priene lebte (*oder*: wurde geboren) Bias, des Teutames Sohn, dessen Ruf (*Geltung*) größer ist als der der andern.
40. Vielwisserei lehrt nicht Verstand haben. Sonst hätte sie's Hesiod gelehrt und Pythagoras, ferner auch Xenophanes und Hekataios. (Denn:)
41. Eins nur ist das Weise, sich auf den Gedanken zu verstehen, als welcher alles auf alle Weise zu steuern weiß.
42. Homer verdient aus den Preiswettkämpfen herausgeworfen und mit Ruten gestrichen zu werden und ebenso Archilochos.
43. Überhebung soll man löschen mehr noch als Feuersbrunst.
44. Kämpfen soll die Bürgerschaft für ihr Gesetz wie für die Mauer.

---

2 πλείων BP (F¹ fehlt hier). Das bei Diog. i 88 folgende καὶ οἱ Πριηνεῖς δὲ τέμενος αὐτῶι καθιέρωσαν, τὸ Τευτάμειον λεγόμενον auch Heraklitisch nach H. Gomperz (Gegensatz B 121). ´4 ἔχειν Athen. u. Clem. Str. i 93 [ii 59, 25]: sonst meist weggelassen   5 τε (vor καὶ) BP: fehlt F   7 σοφόν vgl. B 50 (anders B 32): εἶναι γὰρ (näml. τὸ νόον ἔχειν B 41), ἓν τὸ σοφὸν (wie B 32) ἐπίστασθαι, γνώμην versteht H. Gomperz, ganz anders wieder Reinhardt *Parmenides* S. 200f.   8 γνώμην] vgl. auch Snell *Philol. Unters.* 29, 35   Diels: ὁτέη κυβερνῆσαι P¹B: ὅτ᾽ ἐγκυβερνῆσαι F. Vgl. 22 C 1 § 10 g. E. ὁτέη Archaismus = ἥτις vgl. 28 B 8, 46 A. ἐκυβέρνησε aor. gnom.   9 τε Ausgg.: γε Hss.; gegen Homer A 22 B 56   12 nach νόμου haben BP¹F ὑπὲρ τοῦ γινομένου, nach Diels lect. em. ὑπὲρ τοῦ γε νόμου, die Beachtung verdient; ὑπ. τ. γιγνομένου will halten W. Vollgraff *Mnemos.* 45 (1917) 166ff.

45 [71]. — — 7 ψυχῆς πείρατα ἰὼν οὐκ ἂν ἐξεύροιο, πᾶσάν ἐπιπορευόμενος ὁδόν· οὕτω βαθὺν λόγον ἔχει.

46 [132]. — — τὴν τε οἴησιν ἱερὰν νόσον ἔλεγε καὶ τὴν ὅρασιν ψεύδεσθαι.

47 [48]. — — 73 μὴ εἰκῇ περὶ τῶν μεγίστων συμβαλλώμεθα.

48 [66]. Etym. gen. βίος: τῶι οὖν τόξωι ὄνομα βίος, ἔργον δὲ θάνατος. [Vgl. C 2, 21].

49 [113]. Galen. de dign. puls. vιιι 773 K. [Symmach. Ep. ιx 115, Theod. Prodr. Ep. p. 20] εἷς ἐμοὶ μύριοι, ἐὰν ἄριστος ἦι. [Vgl. 68 B 98. 302a].

49a [81]. Heraclit. Alleg. 24 (nach 62) ποταμοῖς τοῖς αὐτοῖς ἐμβαίνομέν τε καὶ οὐκ ἐμβαίνομεν, εἶμέν τε καὶ οὐκ εἶμεν. [Vgl. B 12].

50 [1]. Hippol. Refut. ιx 9 'Η. μὲν οὖν φησιν εἶναι τὸ πᾶν διαιρετὸν ἀδιαίρετον, γενητὸν ἀγένητον, θνητὸν ἀθάνατον, λόγον αἰῶνα, πατέρα υἱόν, θεὸν δίκαιον· 'οὐκ ἐμοῦ, ἀλλὰ τοῦ λόγου ἀκούσαντας ὁμολογεῖν σοφόν ἐστιν ἐν πάντα εἶναι' ὁ 'Η. φησι.

---

45. Der Seele Grenzen kannst du im Gehen nicht ausfindig machen, und ob du jegliche Straße abschrittest; so tiefen Sinn hat sie.

46. Eigendünkel *nannte er* fallende Sucht *und das Gesicht trügerisch*.

47. Wir sollen nicht leichthin über die größten Dinge urteilen.

48. Des Bogens Name also ist Leben (βιός : βίος), sein Werk aber Tod.

49. Einer gilt mir zehntausend, falls er der Beste ist.

49a. In dieselben Flüsse steigen wir und steigen wir nicht, wir sind und wir sind nicht.

50. Haben sie nicht mich, sondern den Sinn vernommen, so ist es weise, dem Sinne gemäß zu sagen, alles sei eins.

---

1 Diels: ψυχῆς πείρατα ιον B¹FP²: ψ. πειρατέον P¹ vgl. Pind. P. 10, 29 ναυσὶ δ' οὔτε πεζὸς ἰὼν κεν εὔροις ἐς 'Υπερβορέων ἀγῶνα θαυματὰν ὁδόν: ἰὼν will statt ἐπιπορευόμενος einsetzen Wilamowitz *Herm.* 62 (1927) 276   ἐξεύροιο oder ἐξεύροι ὁ oder εὔροι ὁ Hss., vgl. Soph. fr. 833   2 βαθὺν F: βαθὺς BP¹. Imitationen Sextusspr. 27. 403 Elter   3 οἴησις früher angefochten (z. B. von Wilamowitz *Herm.* 40, 1905, 134) scheint echt ionisch zu sein vgl. Hippocr. de dec. orn. 4 (IX 230 L.); demnach sind auch die Zeugnisse Epikur fr. 224 Usen., A 15. B 131 als vollwertig zu betrachten   14 οὖν ⟨ἓν⟩ φησιν Diels   15 λόγος das Ewige, αἰὼν die Lebenszeit vgl. B 52 ?   16 δίκαιον ⟨ἄδικον⟩ Diels: πάτερα υἱόν christl. Zusatz, θεὸν δίκαιον gnost. Antith. n. Wendl.; δίκαιον zieht zum Folgenden Bergk, H. Gomperz, dessen Lesung s. *Vorsokr.* 1⁴ S. XXIV   λόγου Bergk: δογμτ (über μτ : ος, δ fast wie λ) Paris. 17 εἶναι Miller: εἰδέναι Par. (vergeblich verteidigt von H. Gomperz *Z. f. ö. Gymn.* 1910, 967). Vgl. B 32, 33

51 [45; vgl. 56]. HIPPOL. IX 9 (nach B 50) καὶ ὅτι τοῦτο οὐκ ἴσασι πάντες οὐδὲ ὁμολογοῦσιν, ἐπιμέμφεται ὧδέ πως· οὐ ξυνιᾶσιν ὅκως διαφερόμενον ἑωυτῶι ὁμολογέει· παλίντροπος ἁρμονίη ὅκωσπερ τόξου καὶ λύρης. [Folgt B 1.]
52 [79]. — — αἰὼν παῖς ἐστι παίζων, πεσσεύων· παιδὸς ἡ βασιληίη.
53 [44]. — — Πόλεμος πάντων μὲν πατήρ ἐστι, πάντων δὲ βασιλεύς, καὶ τοὺς μὲν θεοὺς ἔδειξε τοὺς δὲ ἀνθρώπους, τοὺς μὲν δούλους ἐποίησε τοὺς δὲ ἐλευθέρους.
54 [47]. — — ἁρμονίη ἀφανὴς φανερῆς κρείττων.
55 [13]. — — ὅσων ὄψις ἀκοὴ μάθησις, ταῦτα ἐγὼ προτιμέω.

---

51. Sie verstehen nicht, wie es auseinander getragen mit sich selbst im Sinn zusammen geht: gegenstrebige Vereinigung wie die des Bogens und der Leier.
52. Die Lebenszeit ist ein Knabe, der spielt, hin und her die Brettsteine setzt: Knabenregiment!
53. Krieg ist aller Dinge Vater, aller Dinge König. Die einen erweist er als Götter, die anderen als Menschen, die einen macht er zu Sklaven, die anderen zu Freien.
54. Unsichtbare Fügung stärker als sichtbare.
55. Alles, wovon es Gesicht, Gehör, Kunde gibt, das ziehe ich vor.

3 ὁμολογέει Miller: ὁμολογεῖν Paris. Vielleicht ὁμολογεῖ ἕν? Diels. Vgl. Plato Symp. 187 A τὸ ἓν γάρ φησι διαφερόμενον αὐτὸ αὑτῶι ξυμφέρεσθαι ὥσπερ ἁρμονίαν τόξου τε καὶ λύρας. Vgl. B 8. παλίντροπος Hipp. a. O., Plut. 473 F (alle Hss. außer D). 1026 B vgl. Diog. 22 A 1 § 7 I 141, 10f. u. andere Paraphrasen; vgl. auch παλίντροπος κέλευθος Parm. B 6, 9: παλίντονος (ἁρμονίη κόσμου) Plut. 369 A. 473 F (hier nur D) (ἡ ἁρμονία καὶ τόξου, εἰ διὰ τῶν ἐναντίων) Porphyr. d. antr. n. 29; offenbar zwei alte Varianten: die erste bezeichnet die im ganzen Instrument liegende Gegenstrebigkeit (vgl. vom Bogen ὀπισθότονα ἢ τὰ ἐπὶ θάτερα τρεπόμενα Hes. s. v. παλίντονα), die andere die Spannung der Saite, nach Homer τόξον παλίντονον Ο 443 φ 11. 59 oder τόξα παλίντονα Θ 266 h. 27, 16 K 459; zu beachten, daß Hippolytos, der allein den Spruch vollständig und fehlerlos überliefert, nur παλίντροπος kennt. An die Tätigkeit des bogenanziehenden Schützen (Wilamowitz *Platon* I[2] 367[1] nach Plato rep. 439 B) kann hier nicht gedacht sein, da die des Kitharaspielers eine andere ist. Im übr. vgl. Zeller-Nestle I 2, 827[2]. 829 und besonders Praechter *Philolog.* 88 (1933) 342ff.   5 Übersicht über die verschiedenen Deutungen bei Zeller-Nestle I 808   so 22 C 5: πεττεύων Hipp. 10 ἁρμονίη ἀφανής d. i. d. Logos   11 Hipp. a. O. c. 10 wiederholt ὅσων ὄψις ἀκοὴ μάθησις (τουτέστι τὰ ὄργανα), ταῦτα, φησίν, ἐγὼ προτιμέω, οὐ τὰ ἀφανῆ προτιμήσας. Anspielung bei Luc. de domo c. 20 vermutet Bidez

56 [47 Anm.]. — — ἐξηπάτηνται, φησίν, οἱ ἄνθρωποι πρὸς τὴν γνῶσιν τῶν φανερῶν παραπλησίως Ὁμήρωι, ὃς ἐγένετο τῶν Ἑλλήνων σοφώτερος πάντων. ἐκεῖνόν τε γὰρ παῖδες φθεῖρας κατακτείνοντες ἐξηπάτησαν εἰπόντες· ὅσα εἴδομεν καὶ ἐλάβομεν, ταῦτα ἀπολείπομεν, ὅσα δὲ οὔτε εἴδομεν οὔτ' ἐλάβομεν, ταῦτα φέρομεν.
57 [35]. — ιχ 10 διδάσκαλος δὲ πλείστων Ἡσίοδος· τοῦτον ἐπίστανται πλεῖστα εἰδέναι, ὅστις ἡμέρην καὶ εὐφρόνην οὐκ ἐγίνωσκεν· ἔστι γὰρ ἕν. [Vgl. B 106].
58 [57, 58]. — — καὶ ἀγαθὸν καὶ κακόν [näml. ἕν ἐστιν]. οἱ γοῦν ἰατροί, φησὶν ὁ Ἡ., τέμνοντες, καίοντες, πάντηι βασανίζοντες κακῶς τοὺς ἀρρωστοῦντας, ἐπαιτέονται μηδὲν ἄξιοι μισθὸν λαμβάνειν παρὰ τῶν ἀρρωστούντων, ταὐτὰ ἐργαζόμενοι, τὰ ἀγαθὰ καὶ τὰς νόσους.

---

56. Der Täuschung hingegeben sind die Menschen in der Erkenntnis der sichtbaren Dinge ähnlich wie Homer, der doch weiser war als die Hellenen allesamt. Denn auch jenen täuschten Jungen, die Läuse knickten, indem sie sprachen: alles was wir gesehen und gegriffen, das lassen wir da; was wir aber nicht gesehen und nicht gegriffen, das bringen wir mit.
57. Lehrer aber der meisten ist Hesiod. Von ihm sind sie überzeugt, er wisse am meisten, er, der doch Tag und Nacht nicht erkannte. Ist ja doch eins!
58. *Und Gut und Übel ist eins.* Fordern *doch* die Ärzte, wenn sie *die Kranken* schneiden, brennen *und auf jede Art schlimm quälen,* noch Lohn dazu *von den Kranken,* während sie doch gar nichts zu erhalten verdienten, da sie ja nur dasselbe bewirken (*wie die Krankheiten*).

2f. als Polemik gegen Homer zu verstehen wie A 22. B 42   5 ἐλάβομεν Bernays: κατελάβομεν Paris.   8 εὐφροσύνην Paris.: verb. Miller. Gemeint sind Hesiod. Theog. 123. 748f.   11 πάντηι zog zu τέμν., καίοντες und hielt für Heraklitisch Diels, auch γοῦν Z. 10; die Lesungen von H. Gomperz s. *Vorsokr.* 1[4] S. XXIV   12 ἐπαιτιῶνται μηδὲν ἄξιον μισθῶ≡ Paris.: verb. Bernays 13 ταὐτὰ Sauppe: ταῦτα Paris. vgl. 22 C 1, 16   14 τὰ ἀγαθὰ καὶ τὰς νόσους] schlechte Paraphrase Hippolyts. Heraklit meint, sie fügen ja auch Böses zu, tun also dasselbe wie die Krankheit und brauchen daher keinen besonderen Lohn. τὰ καὶ αἱ νοῦσοι sieht als d. Original an Wilamowitz *Herm.* 62 (1927) 278. Praechter: 'Man tilge das Komma nach ἐργαζόμενοι »da sie das Gute als das nämliche wirken wie die Krankheiten« d. h. die Heilung, die schmerzvolle, ist nicht besser als die Krankheit. Daher sollen die Ärzte nichts bekommen.' Die schnöde Polemik gegen die Ärzte haben die Briefe unerträglich ausgesponnen. — 'Ist auch d. nicht Gesperrte echt ?' Friedl.

59 [50]. HIPPOL. IX 10 γναφείωι ὁδὸς εὐθεῖα καὶ σκολιὴ (ἡ τοῦ ὀργάνου τοῦ καλουμένου κοχλίου ἐν τῶι γναφείωι περιστροφὴ εὐθεῖα καὶ σκολιή· ἄνω γὰρ ὁμοῦ καὶ κύκλωι περιέρχεται) μία ἐστί, φησί, καὶ ἡ αὐτή.

60 [69]. — — ὁδὸς ἄνω κάτω μία καὶ ὡυτή.

61 [52]. — — θάλασσα ὕδωρ καθαρώτατον καὶ μιαρώτατον, ἰχθύσι μὲν πότιμον καὶ σωτήριον, ἀνθρώποις δὲ ἄποτον καὶ ὀλέθριον.

62 [67]. — — ἀθάνατοι θνητοί, θνητοὶ ἀθάνατοι, ζῶντες τὸν ἐκείνων θάνατον, τὸν δὲ ἐκείνων βίον τεθνεῶτες.

63 [123]. — — λέγει δὲ καὶ σαρκὸς ἀνάστασιν ταύτης ⟨τῆς⟩ φανερᾶς, ἐν ἧι γεγενήμεθα, καὶ τὸν θεὸν οἶδε ταύτης τῆς ἀναστάσεως αἴτιον οὕτως λέγων· ἔνθα δ' ἐόντι ἐπανίστασθαι καὶ φύλακας γίνεσθαι ἐγερτὶ ζώντων καὶ νεκρῶν. λέγει δὲ καὶ τοῦ κόσμου κρίσιν καὶ πάντων τῶν ἐν αὐτῶι διὰ πυρός

---

59. Der Walkerschraube Weg, grad und krumm, ist ein und derselbe.

60. Der Weg hinauf hinab ein und derselbe.

61. Meer: reinstes und scheußlichstes Wasser: Fischen trinkbar und lebenerhaltend, Menschen untrinkbar und tödlich.

62. Unsterbliche: Sterbliche, Sterbliche: Unsterbliche, denn das Leben dieser ist der Tod jener und das Leben jener der Tod dieser.

63. *Er spricht auch von einer Auferstehung des Fleisches, des irdischen, sichtbaren, in dem wir geboren sind, und weiß, daß Gott diese Auferstehung bewirkt. Sein Ausspruch lautet:* Vor ihm aber, der dort ist, erhöben sie sich und Wächter würden wach der Lebendigen und der Toten. *Er sagt aber auch, es finde ein Gericht der Welt und alles dessen, was drinnen ist, durch Feuer statt, in folgendem:*

---

1 γναφείωι Bernays: γραφέων Paris. Erklärung s. Diels *Heraklit*² (1909)
2 γναφείωι Bernays: γραφείω Paris. 3 περιέχεται Paris.: verb. Roeper
10 τὸν δὲ κτλ.] θνήσκοντες τὴν ἐκείνων ζωήν Heraclit. Alleg. 24, ähnlich Max. Tyr. 12, 4 τεθνεῶτες] τεθνήκαμεν Philo, Hierocl. 11 ⟨τῆς⟩ Diels
13 [οὕτως]? H. Fränkel ἐπανίστασθαι] vgl. Hom. B 85 [Eustath.]. Diels deutete: »Der Gott erscheint. Die in der Finsternis des Todes Liegenden erheben sich wie die Neophyten der Mysterien, zünden ihre Fackel an dem Licht des Gottes an (B 26) und neugeboren gelten sie nun in ihrem Lichtdasein als Wächter der Menschen (Hesiod Opp. 107). H. knüpft dabei an die Heroen an (B 24. 25), nur daß der Wert des Seelenfeuers hinzutritt. Denn was außer diesem nach dem Tode übrig bleibt ist wertloser als Kot (B 96). Das Verbum regens zu ἐπανίστασθαι muß wie der Begriff 'Gott' im vorhergehenden gestanden haben. Konjekturen wie ἔνθα θεόν τιν' (Patin), θεὸν δεῖ (Sauppe) sind überflüssig und darum falsch.« Doch vgl. auch Rein-

64 γίνεσθαι λέγων ούτως· τὰ δὲ πάντα οἰακίζει Κεραυνός [28],·
τουτέοτι κατευθύνει, κεραυνὸν τὸ πῦρ λέγων τὸ αἰώνιον. λέγει
δὲ καὶ φρόνιμον τοῦτο εἶναι τὸ πῦρ καὶ τῆς διοικήσεως τῶν
65 ὅλων αἴτιον· καλεῖ δὲ αὐτὸ χρησμοσύνην καὶ κόρον [24]·
χρησμοσύνη δέ ἐστιν ἡ διακόσμησις κατ' αὐτόν, ἡ δὲ ἐκπύρωσις
66 κόρος. πάντα γάρ, φησί, τὸ πῦρ ἐπελθὸν κρινεῖ καὶ
καταλήψεται [26].
67 [36]. — — ὁ θεὸς ἡμέρη εὐφρόνη, χειμὼν θέρος, πόλεμος
εἰρήνη, κόρος λιμός (τἀναντία ἅπαντα· οὗτος ὁ νοῦς),
ἀλλοιοῦται δὲ ὅκωσπερ ⟨πῦρ⟩, ὁπόταν συμμιγῆι θυώμασιν,
ὀνομάζεται καθ' ἡδονὴν ἑκάστου.

---

64. Das Weltall aber steuert der Blitz, d. h. er lenkt es. Unter Blitz
versteht er nämlich das ewige Feuer. Er sagt auch, dieses Feuer sei
vernunftbegabt und Ursache der ganzen Weltregierung. Er nennt
65. es aber Mangel und Sattheit. Mangel ist nach ihm die Weltbildung,
66. dagegen der Weltbrand Sattheit. Denn alles, sagt er, wird das Feuer,
herangekommen, richten und fassen (verurteilen).
67. Gott ist Tag Nacht, Winter Sommer, Krieg Frieden, Sattheit
Hunger. Er wandelt sich aber gerade wie das Feuer, das, wenn es
mit Räucherwerk vermengt wird, nach dem Duft eines jeglichen heißt.

---

hardt Parmenides S. 193[1]. — H. Fränkel vermutet mit großer Wahrscheinlichkeit
(brieflich), daß die Zitate Fr. 64—66, ursprünglich am Rande
stehend, z. T. falsch in den Text eingedrungen sind: Fr. 66 ι 165, 6 gehöre
in ι 165, 1 an die Stelle von Fr. 64; dieses nebst dem Kommentar
τουτέστι—αἰώνιον hinter αἴτιον ι 165, 4, woran der Satz καλεῖ—κόρος schließe.
Unwahrscheinlich die Deutung von H. Gomperz Herm. 58 (1923) 54
  1 Κεραυνός] s. zu Z. 8, vgl. Usener Kl. Schrift. ιv 472f.   7 καταλήψεται]
vgl. zu B 28   8 vgl. Philod. de piet. 6a S. 70 G. ⟨θεοὺς Ἐρινύας θ' ὡς ἐπικούρους⟩
ε⟨ἶπε τῆς Δί⟩κης [B 94] καὶ τ⟨ὸν κόσμο⟩ν, ἐν οἷς [sic pap.] φησι δ⟨ιχῶς⟩ς·
'Κεραυνὸς π⟨άντ' οἰα⟩κίζει' [B 64] καὶ Ζ⟨εύς· συμβ⟩αίνει δὲ κα⟨ὶ τὰ⟩ναντία θε⟨ῖα
θε⟩ῖναι νύκτα ⟨ἡμέραν, πόλεμον εἰρήνην κτλ.⟩ [B 67]. Nach Crönerts Revision
des Pap. unsicher erg. Diels. Ebenda 14, 26 S. 81 G. καὶ τὸν πόλεμον καὶ
τὸν Δία τὸν αὐτὸν εἶναι, καθάπερ καὶ τὸν Ἡράκλειτον λέγειν   10 ⟨πῦρ⟩ Diels:
fehlt Hippol. Vgl. 22 A 16 (ι 148, 17f.) Cramer A. P. ι 167, 17. Pindar.fr.129.
130 Schr. Hippol. v 21 (Sethianer) τὴν ἀκτῖνα τὴν φωτεινὴν ἄνωθεν ἐγκεκρᾶσθαι
... καὶ γεγονέναι ἐν ἑνὶ φυράματι, ὡς μίαν ὀσμὴν ἐκ πολλῶν καταμεμιγμένων
ἐπὶ τοῦ πυρὸς θυμιαμάτων· καὶ δεῖ τὸν ἐπιστήμονα τῆς ὀσφρήσεως ἔχοντα κριτήριον
εὐαγὲς ἀπὸ τῆς μιᾶς τοῦ θυμιάματος ὀσμῆς διακρίνειν λεπτῶς ἕκαστον τῶν καταμεμιγμένων
ἐπὶ τοῦ πυρὸς θυμιαμάτων οἱονεὶ στύρακα καὶ σμύρναν καὶ λίβανον ἢ
εἴ τι ἄλλο εἴη μεμιγμένον. X 11, 3 ἡ δὲ τοῦ πνεύματος εὐωδία φέρεται ... ὥσπερ
ἡ τῶν θυμιαμάτων ὀσμὴ ἐπὶ τῶι πυρὶ φέρεται. Über die Brachylogie des Vergleichungssatzes
s. Vahlen z. Arist. Poet.[3] S. 275   11 ὀνομάζεται] d. h. der

67a [0]. Hisposus Scholasticus ad Chalcid. Plat. Tim. [cod. Paris. l. 8624 s. XII f. 2] *ita vitalis calor a sole procedens omnibus quae vivunt vitam subministrat. cui sententiae Heraclitus adquiescens optimam similitudinem dat de aranea ad animam, de tela araneae ad corpus. sic⟨ut⟩ aranea, ait, stans in medio telae sentit, quam cito musca aliquem filum suum corrumpit itaque illuc celeriter currit quasi de fili persectione dolens, sic hominis anima aliqua parte corporis laesa illuc festine meat quasi impatiens laesionis corporis, cui firme et proportionaliter iuncta est.*

68 [129]. Iambl. de myst. I 11 καὶ διὰ τοῦτο εἰκότως αὐτὰ ἄκεα Ἡ. προσεῖπεν ὡς ἐξακεσόμενα τὰ δεινὰ καὶ τὰς ψυχὰς ἐξάντεις ἀπεργαζόμενα τῶν ἐν τῆι γενέσει συμφορῶν.

69 [128]. — — v 15 θυσιῶν τοίνυν τίθημι διττὰ εἴδη · τὰ μὲν τῶν

67a. Wie die Spinne, die in der Mitte ihres Netzes sitzt, merkt, sobald eine Fliege irgendeinen Faden ihres Netzes zerstört, und darum schnell dahin eilt, als ob sie um die Zerreißung des Fadens sich härmte, so wandert des Menschen Seele bei der Verletzung irgendeines Körperteils rasch dahin, als ob sie über die Verletzung des Körpers, mit dem sie fest und nach einem bestimmten Sinn (Verhältnis) verbunden ist, ungehalten sei.

68. 'Heilmittel' *nannte er die schimpflichen Bräuche der Mysterienkulte.*

69. *Bei den Opfern sind zwei Arten zu unterscheiden. Die einen werden*

Name bezeichnet gerade nicht die Sache vgl. B 23. 32. 48, Nestle *Philolog.* 67 (1908) 536 ἡδονὴν ἑκάστου] sc. θυμιάματος (vgl. Hipp. a. O.). ἡδονή oft (*Wohl*)*geschmack* (vgl. ἡδύς), hier (*Wohl*)*geruch* (s. Wortindex) 1 s. Pohlenz *Berl. Ph. Woch.* 1903, 972. Vgl. Chrysipp. 879 Arnim. Wie weit' Heraklit das Gleichnis ausgeführt hat, ist nicht zu entscheiden. Zur Erklärung vgl. Tertull. de anim. 14 *non longe hoc exemplum* (Wasserorgel des Archimedes) *est a Stratone et Aenesidemo et Heraclito. nam et ipsi unitatem animae tuentur, quae in totum corpus diffusa et ubique ipsa, velut flatus in calamo per cavernas, ita per sensualia variis modis emicet non tam concisa quam dispensata* 8 *persectione* Diels: *perfectione* 10 *proportionaliter*] B 31 εἰς τὸν αὐτὸν λόγον. Vgl. Demokrit. 68 A 108. 135 § 57ff. Über den λόγος ψυχῆς vgl. auch B 115 12 Die ἄκεα beziehen sich nach H. Gomperz auch bei Heraklit (vgl. B 15) auf die στάσις τῶν φάλλων und die αἰσχρολογίαι (Iambl. p. 38, 13. 39, 3). 15 Der Wortlaut Heraklits ist nicht abzugrenzen. Vielleicht nur Paraphrase von B 49 oder ähnlichem Gedanken. Vgl. Sext. VII 329 σπάνιος μὲν γάρ ἐστιν ὁ συνετός, πολὺς δὲ ὁ εἰκαῖος

ἀποκεκαθαρμένων παντάπασιν ἀνθρώπων, οἷα ἐφ' ἑνός ἄν ποτε γένοιτο σπανίως, ὥς φησιν Ἡ., ἤ τινων ὀλίγων εὐαριθμήτων ἀνδρῶν· τὰ δ' ἔνυλα κτλ.

70 [79 Anm.]. — de anima [Stob. Ecl. II 1, 16] πόσωι δὴ οὖν βέλτιον Ἡ. παίδων ἀθύρματα νενόμικεν εἶναι τὰ ἀνθρώπινα δοξάσματα.

71 [73 Anm.]. MARC. ANTON. IV 46 (nach 76) μεμνῆσθαι δὲ καὶ τοῦ ἐπιλανθανομένου ἧι ἡ ὁδὸς ἄγει.

72 [93]. — — ὧι μάλιστα διηνεκῶς ὁμιλοῦσι λόγωι τῶι τὰ ὅλα διοικοῦντι, τούτωι διαφέρονται, καὶ οἷς καθ' ἡμέραν ἐγκυροῦσι, ταῦτα αὐτοῖς ξένα φαίνεται.

73 [94]. — — οὐ δεῖ ὥσπερ καθεύδοντας ποιεῖν καὶ λέγειν· καὶ γὰρ καὶ τότε δοκοῦμεν ποιεῖν καὶ λέγειν.

74 [97 Anm.]. — — οὐ δεῖ ⟨ὡς⟩ παῖδας τοκεώνων, τοῦτ' ἔστι κατὰ ψιλόν· καθότι παρειλήφαμεν.

---

dargebracht von innerlich vollständig gereinigten Menschen, wie das hier und da bei einem Einzelnen vorkommen mag, wie Heraklit sagt, oder bei einigen wenigen, leicht zu zählenden Männern. Die anderen aber sind materiell usw.

70. Kinderspiele *nannte er die menschlichen Meinungen.*

71. *Man soll auch des Mannes gedenken,* der vergißt, wohin der Weg führt.

72. Mit dem Sinn, mit dem sie doch am meisten beständig verkehren, *dem Verwalter des Alls,* mit dem entzweien sie sich, und die Dinge, auf die sie täglich stoßen, die scheinen ihnen fremd.

73. Man soll nicht handeln und reden wie Schlafende. *Denn auch im Schlaf glauben wir zu handeln und zu reden.*

74. *Man soll es ferner nicht tun* als Kinder der Erzeuger, d. h. schlicht ausgedrückt *'wie wir es überkommen haben'.*

---

5 vgl. B 52   7 vgl. B 1 I 150, 10f., vielleicht aber nur Paraphrase von B 117   11 vgl. zu B 17   12 schwer zu vereinen mit Gedanken wie B 75, wohl aber mit B 89 + B 2   14 ⟨ὡς⟩ Koraës; dafür ⟨τὰ⟩ τοκ. ? Friedländer   τοκεώνων] das ionische Wort wiesen nach Headlam *Class. Rev.* 1901, 401, Rendall ebend. 1902, 28. Vgl. Meleager A. P. VII 79, 4 (Heraklit spricht) λάξ γὰρ καὶ τοκεῶνας, ἰὼ ξένε, δύσφρονας ἄνδρας ὑλάκτειν. Die Endung ist nicht immer hypokoristisch (Lentz Herodian. I 15) vgl. ὀργεών, κυκεών. Zum Gedanken vgl. auch Apul. de mag. 39

75 [90]. Marc. Anton. vi 42 τοὺς καθεύδοντας οἶμαι ὁ Ἡ. ἐργάτας εἶναι λέγει καὶ συνεργοὺς τῶν ἐν τῶι κόσμωι γινομένων.

76 [25]. Maxim. Tyr. xii 4 p. 489 [nach B 80. 62] ζῆι πῦρ τὸν γῆς θάνατον καὶ ἀὴρ ζῆι τὸν πυρὸς θάνατον, ὕδωρ ζῆι τὸν ἀέρος θάνατον, γῆ τὸν ὕδατος. Plut. de E 18.₁392ᴄ πυρὸς θάνατος ἀέρι γένεσις, καὶ ἀέρος θάνατος ὕδατι γένεσις. (Vgl. de primo frig. 10. 949a). Marc. iv 46 (vor B 71) ὅτι γῆς θάνατος ὕδωρ γενέσθαι καὶ ὕδατος θάνατος ἀέρα γενέσθαι καὶ ἀέρος πῦρ καὶ ἔμπαλιν.

77 [72]. Numen. fr. 35 Thedinga (bei Porphyr. antr. nymph. 10) ὅθεν καὶ Ἡράκλειτον ψυχῆισι φάναι τέρψιν ἢ θάνατον ὑγρῆισι γενέσθαι. τέρψιν δὲ εἶναι αὐταῖς τὴν εἰς γένεσιν πτῶσιν. ἀλλαχοῦ δὲ φάναι ζῆν ἡμᾶς τὸν ἐκείνων θάνατον καὶ ζῆν ἐκείνας τὸν ἡμέτερον θάνατον [B 62].

78 [96]. Orig. c. Cels. vi 12 (ii 82, 23 Koetschau) [wie 79. 80 aus Celsus] ἦθος γὰρ ἀνθρώπειον μὲν οὐκ ἔχει γνώμας, θεῖον δὲ ἔχει.

---

75. Die Schlafenden *nennt, glaube ich, Heraklit* Werker und Mitwirker an den Geschehnissen in der Welt.

76. Feuer lebt der Erde Tod und Luft lebt des Feuers Tod; Wasser lebt der Luft Tod und Erde den des Wassers (?).

77. Für die Seelen ist es Lust oder (?) Tod feucht zu werden. *Die Lust bestehe aber in ihrem Eintritt in das Leben. Anderswo aber sagt er*: Wir leben jener, *der Seelen,* Tod und jene leben unsern Tod.

78. Denn menschliches Wesen hat keine Einsichten, wohl aber göttliches.

---

1 Der Austausch der Stoffe geht auch ohne unsern Willen nachts vor sich. So bleiben wir mit dem κόσμος in Verbindung. Freilich οἶμαι! Vgl. auch Reinhardt *Parmenides* S. 195 Anm.   4 Heraklits Fassung läßt sich nicht sicher herstellen. Maximus hat Tocco *Studi Ital.* iv 5 so verbessert ζῆι πῦρ τὸν ἀέρος θάνατον καὶ ἀὴρ ζῆι τὸν πυρὸς θάνατον· ὕδωρ ζῆι τὸν γῆς θάνατον, γῆ τὸν ὕδατος. Aber vermutlich ist ἀὴρ stoisch eingeschwärzt und Heraklit sagte ζῆι πῦρ τὸν ὕδατος θάνατον, ὕδωρ ζῆι τὸν πυρὸς ἢ γῆς θάνατον, γῆ τὸν ὕδατος. Die Ähnlichkeit mit B 36 ist freilich verdächtig   12 ἢ Diels: μὴ Porph.; καὶ Kranz; μὴ θάνατον tilgte Schuster. Wasser ist Durchgangspunkt zum Leben vom Feuer her, zum Tode von der Erde (Körper) her; vgl. B 36.   Das zweite Zitat nur ungenaue Wiedergabe des echten Wortlautes von B 62   17 γὰρ bezeugt!

79 [97]. — — [nach 78] ἀνὴρ νήπιος ἤκουσε πρὸς δαίμονος ὅκωσπερ παῖς πρὸς ἀνδρός.

80 [62]. — — VI 42 (II 111, 11 Koetschau) εἰδέναι δὲ χρὴ τὸν πόλεμον ἐόντα ξυνόν, καὶ δίκην ἔριν, καὶ γινόμενα πάντα κατ' ἔριν καὶ χρεών.

81 [vgl. 138]. PHILODEM. Rhet. I c. 57. 62 S. 351. 354 Sudh. [aus d. Stoiker Diogenes] ἡ δὲ τῶν ῥητόρων εἰσαγωγὴ πάντα τὰ θεωρήματα πρὸς τοῦτ' ἔχει τείνοντα καὶ κατὰ τὸν Ἡράκλειτον κοπίδων ἐστὶν ἀρχηγός. SCHOL. in Eur. Hec. 131 κοπίδας τὰς λόγων τέχνας ἔλεγον ἄλλοι τε καὶ ὁ Τίμαιος οὕτως γράφων [FHG IV p. 640b]· 'ὥστε καὶ φαίνεσθαι μὴ τὸν Πυθαγόραν εὑρετὴν ὄντα τῶν ἀληθινῶν κοπίδων μηδὲ τὸν ὑφ' Ἡρακλείτου κατηγορούμενον, ἀλλ' αὐτὸν τὸν Ἡράκλειτον εἶναι τὸν ἀλαζονευόμενον'.

82 [99]. PLATO Hipp. maior 289 A πιθήκων ὁ κάλλιστος αἰσχρὸς ἀνθρώπων γένει συμβάλλειν.

83 [98]. — — B ἀνθρώπων ὁ σοφώτατος πρὸς θεὸν πίθηκος φανεῖται καὶ σοφίαι καὶ κάλλει καὶ τοῖς ἄλλοις πᾶσιν.

---

79. Der Mann heißt kindisch vor der Gottheit so wie der Knabe vor dem Manne.

80. Man soll aber wissen, daß der Krieg gemeinsam (allgemein) ist und das Recht der Zwist und daß alles geschieht auf Grund von Zwist und Schuldigkeit.

81. Pythagoras Ahnherr der Schwindeleien (Schwindler).

82. *Der schönste Affe ist häßlich mit dem Menschengeschlechte verglichen.*

83. *Der weiseste Mensch wird gegen Gott gehalten wie ein Affe erscheinen in Weisheit, Schönheit und allem andern.*

---

1 ἤκουσε] ~ καλεῖται vgl. E. Petersen *Herm.* 14 (1879) 304. Anspielung bei Euseb. Theophan. p. 74, 9 Gressmann   3 εἰδέναι Schleiermach.: εἰ δὲ Hs.   5 ἔριν] vgl. A 22   χρεώμενα Hs.: χρεών Diels *Jen. Litt. Z.* 1877, 394 bestätigt durch Philodem. de piet. p. 29 (57a 1) hergestellt von Philippson *Herm.* 55 (1920) 254 ⟨γίνεσθαι⟩ κατ' ἔ⟨ριν καὶ κατὰ⟩ χρεών ⟨πάντα φ⟩ησὶν Ἡρ⟨άκλειτος⟩, wo nur Diels παρ' (= διὰ) statt κατ' den Spuren der Buchstaben näher zu kommen schien. Vgl. Plut. soll. anim. 7 φύσιν ὡς ἀνάγκην καὶ πόλεμον οὖσαν   6 vgl. Diels *Arch. f. G. d. Phil.* III (1890) 4. 54.   11 f. εὑράμενον oder -όμενον τῶν Schol. (anders verderbt Et. Gud. u. Magn. teilw.): εὑρετήν Hemsterhuys   richtig gedeutet von Reinhardt *Herm.* 63 (1928) 107ff. vgl. Wilamowitz *Herm.* 62 (1927) 277; zur Polemik gegen P. vgl. B 40. 129   16 ἀνθρώπων Bekker: ἄλλωι (d. i. ἀνῶν) Hss., falsch verteidigt v. Zilles *Rhein. Mus.* 62 (1907) 54, Heidel *Class. philol.* 5, 246   17 vgl. Wendland bei Gressmann in Harnacks *Text. u. Unters.* N. F. V II 3, 152

84a [83]. PLOTIN. Enn. IV 8, 1 [n. B 60] μεταβάλλον ἀναπαύεται.
84b [82]. — κάματός ἐστι τοῖς αὐτοῖς μοχθεῖν καὶ ἄρχεσθαι.
85 [105]. PLUT. Coriol. 22 θυμῶι μάχεσθαι χαλεπόν· ὃ γὰρ ἂν θέληι, ψυχῆς ὠνεῖται.
86 [116]. — — 38 ἀλλὰ τῶν μὲν θείων τὰ πολλά, καθ' Ἡράκλειτον, ἀπιστίηι διαφυγγάνει μὴ γιγνώσκεσθαι.
87 [117]. — de aud. 7 p. 41A βλὰξ ἄνθρωπος ἐπὶ παντὶ λόγωι ἐπτοῆσθαι φιλεῖ.
88 [78]. — cons. ad Apoll. 10 p. 106E ταὐτό τ' ἔνι ζῶν καὶ τεθνηκὸς καὶ [τὸ] ἐγρηγορὸς καὶ καθεῦδον καὶ νέον καὶ

84a. Sich wandelnd ruht es aus (*das ätherische Feuer im menschl. Körper*).
84b. Es ist Ermattung (ermattend), denselben Herren zu frohnen und zu gehorchen.
85. Gegen das Herz anzukämpfen ist schwer. Denn was es auch will erkauft es um die Seele.
86. Das meiste des *Göttlichen* entzieht sich der Erkenntnis aus Mangel an Zutrauen.
87. Ein blöder Mensch pflegt bei jedem Wort erschreckt dazustehen.
88. Und es ist immer ein und dasselbe was in uns wohnt (?): Lebendes und Totes und Waches und Schlafendes und Junges und Altes.

---

1 Plotin behandelt die Frage ὅπως ποτέ μοι ἔνδον ἡ ψυχὴ γεγένηται τοῦ σώματος, τοῦτο οὖσα οἷον ἐφάνη καθ' ἑαυτὴν καίπερ οὖσα ἐν σώματι. Vgl. IV 8, 5 οὐδ' ἡ Ἐμπεδοκλέους φυγὴ ἀπὸ τοῦ θεοῦ καὶ πλάνη καὶ ἁμαρτία ἐφ' ἧι ἡ δίκη [31 B 114] οὐδ' ἡ Ἡρακλείτου 'ἀνάπαυλα' ἐν φυγῆι. 2 τοῖς αὐτοῖς] wohl die Elemente, die den Körper bilden. Über diesen Dienst vgl. 22 A 14a 3 θυμῶι] d. i. ἐπιθυμίαι vgl. Herodot V 49 (vgl. Vorr. z. 1. Aufl.) 4 θέληι] archaisch ~ ἐπιθυμῆι ψυχῆς] nicht Leben. Es kostet nicht das Leben, aber ein Stück der Seele, weil dadurch das göttliche Feuer um so viel vermindert wird als man dem Körper schenkt (anders Wilamowitz *Glaube d. Hellenen* I 370[1] vgl. II 547[1]). Auf Mißverständnis Plutarchs de coh. ira 9 p. 457D, wo B 85 auch zitiert wird, beruht das angebl. Fr. bei Ammian XXI 16, 14 (Schuster *Acta Lips*. III 391) 5 »nach Clem. Str. V 89 (II 384, 14 St.), der Eigenes einmischt, hieß das Ganze vielleicht: τοῦ λόγου τὰ πολλὰ κρύπτειν κρύψις ἀγαθή· ἀπιστίηι γάρ...« Diels 6 ἀπιστίη Y: πίστιν N; ἀπιστίηι = ἐξ ἀπιστίας Aesch. Ag. 268 7f. anders H. Gomperz *Herm*. 58 (1923) 46f. 8 παιδεύεσθαι ω: verb. Xylander nach p. 28D; dort die Stellung φιλεῖ ἐπτοῆσθαι 9 τ' ἔνι ΦΠ: γ' ἔνι O: tilgt Wilamowitz *Herm*. 62 (1927) 276; zu ἔνι erg. ἡμῖν Diels, da er aus τε Vorausgehen eines Satzes erschloß. ταὐτῶι τ' ἔνι Bernays; ἔνι = 'ist' (ngr. εἶναι) ? H. Fränkel, vgl. Wackernagel *Syntax* II 166 10 [τὸ] Reiske καθεῦδον ΦΠ (pr. E) B: τὸ καθ. O

γηραιόν· τάδε γάρ μεταπεσόντα ἐκεῖνά ἐστι κἀκεῖνα πάλιν μεταπεσόντα ταῦτα. [Vgl. Sext. P. H. III 230].

89 [95]. — de superst. 3 p. 166c ὁ Ἡ. φησι τοῖς ἐγρηγορόσιν ἕνα καὶ κοινὸν κόσμον εἶναι, τῶν δὲ κοιμωμένων ἕκαστον εἰς ἴδιον ἀποστρέφεσθαι.

90 [22]. — de E 8 p. 388E πυρός τε ἀνταμοιβὴ τὰ πάντα καὶ πῦρ ἁπάντων ὅκωσπερ χρυσοῦ χρήματα καὶ χρημάτων χρυσός.

91 [41. 40]. — — 18 p. 392B ποταμῶι γὰρ οὐκ ἔστιν ἐμβῆναι δὶς τῶι αὐτῶι καθ' Ἡράκλειτον [vgl. Plat. Cratyl. 402A = 22 A 6. Aristot. Metaph. Γ 5. 1010a 12 c. 65, 4. — 22 B 12. 49a] οὐδὲ θνητῆς οὐσίας δὶς ἅψασθαι κατὰ ἕξιν ⟨τῆς αὐτῆς⟩· ἀλλ' ὀξύτητι καὶ τάχει μεταβολῆς σκίδνησι καὶ πάλιν συνάγει (μᾶλλον δὲ οὐδὲ πάλιν οὐδ' ὕστερον, ἀλλ' ἅμα συνίσταται καὶ ἀπολείπει) καὶ πρόσεισι καὶ ἄπεισι.

Denn dieses ist umschlagend jenes und jenes zurück umschlagend dieses.

89. Die Wachenden haben eine einzige und gemeinsame Welt, *doch im Schlummer wendet sich jeder von dieser ab in seine* eigene.

90. Wechselweiser Umsatz: des Alls gegen das Feuer und des Feuers gegen das All, so wie der Waren gegen Gold und des Goldes gegen Waren.

91. Man kann nicht zweimal in denselben Fluß steigen *nach Heraklit und nicht zweimal eine ihrer Beschaffenheit nach identische vergängliche Substanz berühren, sondern durch das Ungestüm und die Schnelligkeit ihrer Umwandlung* zerstreut sie sich und sammelt sich wiederum und naht sich und entfernt sich.

---

1 τάδε—2 ταῦτα hielt für Plutarchisch(!) Wilamowitz 5 ἀποστρ.] ἀναστρέφεσθαι D (richtig ?) 6 τε x: fehlt O ἀνταμοίβητα πάντα Γ: ἀνταμείβεται π. O: verb. Diels 7 ὅκ. Bernardakis: ἐκ ὥσπερ Γ: ὥσπερ O zu dem Vergleich s. Plato Legg. VIII p. 849E ἀλλάττεσθαι νόμισμά τε χρημάτων καὶ χρήματα νομίσματος. Theophrast deutete hier vielleicht auf die Entstehung der Einzeldinge, vgl. seine Worte 22 A 1 I 141, 18 (Covotti) 9 Gegen Reinhardts Wertung des Fr. (*Parmenides* S. 207) mit Recht Zeller-Nestle I 794f. Aus der Paraphrase bei Gregor. Naz. de hum. nat. 27 (Migne 37, 757) ἔμπεδον οὐδὲν κτλ. vgl. mit 22 C 5 (I 190, 19) schließt Hürth *de Greg. N. or. funebr.* (Diss. Argent. XII 1, 57), daß ἔμπεδον οὐδέν Heraklitisches Fragment sei 12 ⟨ ⟩ Diels. θνητὴ οὐσία wie alles übrige bis μεταβολῆς ist stoische Paraphrase wie die Parenthese μᾶλλον ... ἀπολείπει. Die Parallelität verlangt, daß auch σκίδνησι κ. π. συνάγει intransitiv sind;

92 [12]. PLUT. de Pyth. or. 6 p. 397 A Οὐχ ὁρᾶις .., ὅσην χάριν ἔχει τὰ Σαπφικὰ μέλη, κηλοῦντα καὶ καταθέλγοντα τοὺς ἀκροωμένους; Σίβυλλα δὲ μαινομένωι στόματι καθ' Ἡράκλειτον ἀγέλαστα καὶ ἀκαλλώπιστα καὶ ἀμύριστα φθεγγομένη χιλίων ἐτῶν ἐξικνεῖται τῆι φωνῆι διὰ τὸν θεόν.

93 [11]. — — 21 p. 404 D ὁ ἄναξ, οὗ τὸ μαντεῖόν ἐστι τὸ ἐν Δελφοῖς, οὔτε λέγει οὔτε κρύπτει ἀλλὰ σημαίνει.

94 [29]. — de exil. 11 p. 604 A Ἥλιος γὰρ οὐχ ὑπερβήσεται μέτρα· εἰ δὲ μή, Ἐρινύες μιν Δίκης ἐπίκουροι ἐξευρήσουσιν.

95 [108.] — Sympos. III pr. 1 p. 644 F ἀμαθίην γὰρ ἄμεινον κρύπτειν, ἔργον δὲ ἐν ἀνέσει καὶ παρ' οἶνον. STOB. Flor. I 175 κρύπτειν ἀμαθίην κρέσσον ἢ ἐς τὸ μέσον φέρειν.

96 [85]. — — IV 4, 3. p. 669 A νέκυες γὰρ κοπρίων ἐκβλητότεροι.

92. Die Sibylle, die mit rasendem Munde Ungelachtes und Ungeschmintes und Ungesalbtes redet, *reicht mit ihrer Stimme durch tausend Jahre*. Denn der Gott treibt sie.

93. Der Herr, dem das Orakel in Delphi gehört, sagt nichts und birgt nichts, sondern er bedeutet.

94. (Denn) Helios wird seine Maße nicht überschreiten;˙ sonst werden ihn die Erinyen, der Dike Schergen, ausfindig machen.

95. (Denn) seinen Unverstand bergen ist besser (*als ihn zur Schau stellen*): *nur ist's schwer in der Ausgelassenheit und beim Wein.*

96. Leichen sollte man eher wegwerfen als Mist.

---

das ist archaische Ausdrucksform. Diels dachte an das Subjekt θεός wie Epist. Heracl. 6 θεὸς ἐν κόσμωι μεγάλα σώματα ἰατρεύει. ἐπανισοῖ αὐτῶν τὸ ἄμετρον ... συνάγει τὰ σκιδνάμενα κτλ. 1ff. nur Σίβυλλα—στόματι hält für Heraklitisch, das übrige für Plutarchisch (als Gegensatz zu Sapphos Stil) H. Fränkel (briefl.) 4 ἀκαλλώπιστα] vgl. Philo de opif. S. 1, 1 χιλίων ... φωνῆι] vgl. Rohde *Psyche* II⁹ 69 A 1 6 (ὡς) ὁ ἄν. Turneb.: ὥσθ' ἄν. E(B) 9 μέτρα wie B 30, daher ⟨τὰ⟩ μέτρα entbehrlich. Plut. paraphrasiert τοὺς προσήκοντας ὅρους de Isid. 48 p. 370 D ᾽Ερινύες steht auch durch die Imitationen Hippol. VI 26. Iambl. Protr. 21 p. 107, 14 Pist. feat. Vgl. auch Wilamowitz *Griech. Trag.*[11] II 234f. 11 Frag. 95 und 109 verbindet wieder H. Gomperz; unter Streichung von ἄμεινον will er das Ganze für Heraklit in Anspruch nehmen; Diels hielt ἢ ἐς τὸ μέσον φέρειν für spielende Ausfüllung eines Anthologen 14 Fr. 96 von Mich. Akominatos II 335 ed. Lambros fälschlich Demokrit zugeschrieben   14 ohne γὰρ Strabo XVI 26 p. 784

97 [115]. — an seni resp. 7 p. 787 c κύνες γὰρ καταβαΰζουσιν ὧν ἂν μὴ γινώσκωσι.
98 [38]. — fac. lun. 28 p. 943 E αἱ ψυχαὶ ὀσμῶνται καθ' Ἀιδην.
99 [31]. — aqu. et ign. comp. 7 p. 957 A; vgl. de fort. 3. p. 98 c εἰ μὴ ἥλιος ἦν, ἕνεκα τῶν ἄλλων ἄστρων εὐφρόνη ἂν ἦν.
100 [34]. — Qu. Plat. 8, 4 p. 1007 D . . . περιόδους· ὧν ὁ ἥλιος ἐπιστάτης ὢν καὶ σκοπὸς ὁρίζειν καὶ βραβεύειν καὶ ἀναδεικνύναι καὶ ἀναφαίνειν μεταβολὰς καὶ ὥρας αἳ πάντα φέρουσι καθ' Ἡράκλειτον κτλ.
101 [80]. — adv. Colot. 20. 1118 c ἐδιζησάμην ἐμεωυτόν.
101a [15]. POLYB. XII 27 δυεῖν γὰρ ὄντων κατὰ φύσιν ὡσανεί τινων ὀργάνων ἡμῖν, οἷς πάντα πυνθανόμεθα καὶ πολυπραγμονοῦμεν, ἀκοῆς καὶ ὁράσεως, ἀληθινωτέρας δ' οὔσης οὐ μικρῶι τῆς ὁράσεως κατὰ τὸν Ἡράκλειτον· ὀφθαλμοὶ γὰρ τῶν ὤτων ἀκριβέστεροι μάρτυρες.
102 [61]. PORPHYR. zu Δ 4 [I 69, 6 Schr.] τῶι μὲν θεῶι καλὰ πάντα καὶ ἀγαθὰ καὶ δίκαια, ἄνθρωποι δὲ ἃ μὲν ἄδικα ὑπειλήφασιν ἃ δὲ δίκαια.

97. (Denn) Hunde bellen die an, die sie nicht kennen.
98. Die Seelen atmen Geruch ein im Hades.
99. Gäbe es keine Sonne, trotz der übrigen Gestirne wäre es Nacht.
100. *Die Sonne als Wächterin des Jahreslaufs bringt die Veränderungen zum Vorschein und die Horen, die alles bringen.*
101. Ich durchforschte mich selbst.
101a. Augen sind genauere Zeugen als die Ohren.
102. Für Gott ist alles schön und gut und gerecht; die Menschen aber haben das eine als ungerecht, das andere als gerecht angenommen.

---

1 καταβαΰζουσιν Wakefield: καὶ βαΰζουσιν Hss.   2 ὧν Diels: τῶν Wilamowitz: ὄν Hss.   3 Zusammenhang b. Plut.: die Seelen erhalten vom Äther in der Nähe des Mondes ihre lichte Feuernatur ὥστε ὑπὸ τῆς τυχούσης ἀναθυμιάσεως τρέφεσθαι, καὶ καλῶς 'Η. εἶπεν ὅτι αἱ ψ. ὀσμῶνται (vgl. B 7) καθ' ἀιδην. Hängt also mit der Eschatologie wie B 26 zusammen. Bericht über die Deutungsversuche bei Zeller-Nestle I 893f.; vgl. bes. auch Reinhardt *Parmenides* S. 195   6 ἄλλων ἄστρων] vgl. A 1 § 10.   11 Plut. faßt dies als γνῶθι σεαυτόν, ebenso Aristonym. Stob. Fl. 21. 7 [vgl. B 116]. Anders A 1 § 5 μαθεῖν πάντα παρ' ἑαυτοῦ. Vgl. Arnim in Wilam. *Phil. Unters.* XI 94   15 vielleicht γάρ τοι ὤτων. Vgl. B 107 und 31 B 4, 10; Herod. I 8 ὦτα γὰρ τυγχάνει ἀνθρώποισι ἐόντα ἀπιστότερα ὀφθαλμῶν. Dio 12, 71 τὸ λεγόμενον, ὡς ἔστιν ἀκοῆς πιστότερα ὄμματα. Anders Wendland *Rhein. Mus.* 53 (1898) 31

103 [70]. PORPHYR. zu Ξ 200 [I 190 Schr.] ξυνὸν γὰρ ἀρχὴ καὶ πέρας ἐπὶ κύκλου περιφερείας [vgl. I 164, 3. 187, 23f.].
104 [111a]. PROCL. in Alc. I p. 525, 21 (1864) τίς γὰρ αὐτῶν νόος ἢ φρήν; δήμων ἀοιδοῖσι πείθονται καὶ διδασκάλωι χρείωνται ὁμίλωι οὐκ εἰδότες ὅτι 'οἱ πολλοὶ κακοί, ὀλίγοι δὲ ἀγαθοί' [vgl. Bias c. 10 3 ς̄].
105 [119 Anm.]. SCHOL. HOM. AT zu Σ 251 (Ἕκτορι δ' ἦεν ἑταῖρος, [näml. Πουλυδάμας], ἰῆι δ' ἐν νυκτὶ γένοντο) Ἡ. ἐντεῦθεν ἀστρολόγον φησὶ τὸν Ὅμηρον καὶ ἐν οἷς φησι 'μοῖραν δ' οὔ τινά φημι πεφυγμένον ἔμμεναι ἀνδρῶν' κτλ.
106 [120]. PLUT. Camill. 19 περὶ δ' ἡμερῶν ἀποφράδων εἴτε χρὴ τίθεσθαί τινας εἴτε ὀρθῶς Ἡράκλειτος ἐπέπληξεν Ἡσιόδωι τὰς μὲν ἀγαθὰς ποιουμένωι, τὰς δὲ φαύλας [Opp. 765ff.], ὡς ἀγνοοῦντι φύσιν ἡμέρας ἁπάσης μίαν οὖσαν, ἑτέρωθι διηπόρηται [vgl. B 40. 57]. SENECA Ep. 12, 7 *unus dies par omni est.*

---

103. (Denn) gemeinsam ist Anfang und Ende beim Kreisumfang.

104. Denn was ist ihr Geist oder Verstand? Volkssängern glauben sie und zum Lehrer haben sie den Haufen, denn das wissen sie nicht: „die Vielen sind schlecht, wenige nur gut".

105. Homer *sei ein Astrologe gewesen, schließt Heraklit aus dieser Stelle (Ilias 18, 251)* 'Auch wurden in einer Nacht sie geboren' *und aus (6, 488)* 'Nie, so mein ich, entrann von den Sterblichen einer dem Schicksal.'

106. *H. tadelte Hesiod, der die einen Tage zu guten, die anderen zu schlechten macht, daß er nicht wisse:* das Wesen jedes Tages ist ein und dasselbe.

1f. Vgl. 28 B 3, 1. Hipp. de loc. in hom. 1 [VI 276 L.]; unrichtig hält die drei letzten Worte für unheraklitisch Wilamowitz *Herm.* 62 (1927) 276 4 ἀοιδοῖσι πείθονται Diels: αἰδοῦς ἠπιόων τε Procl.: ἀοιδοῖσιν ἔπεσθαι paraphrasiert Clem. 5 χρειῶν τε Procl. = χρέωνται, χρέονται, χρείονται, χρήιονται? 7 Zur Deutung und Wertung des Frag. vgl. 22 A 22, Kranz *Hermes* 69 (1934) 116 gegen Capelle ebd. 60 (1925) 375. Auch Diels glaubte, die Zufügung der Homerzitate deute auf Vermittlung der Stoa oder des Krates. B 139 liegt fern 12 εἴτε Reiske: εἴτε μὴ Hss. 16 Seneca fügt zu: *hoc alius aliter excepit: dixit enim parem esse horis, . . . alius ait parem esse unum diem omnibus similitudine,* aus der Polemik gegen Hesiod geht hervor, daß nur die zweite Deutung richtig ist (nur nicht *similitudine,* sondern φύσει). Vgl. *Hermes* a. O. S. 115

107 [4]. SEXT. EMP. VII 126 κακοὶ μάρτυρες ἀνθρώποισιν ὀφθαλμοὶ καὶ ὦτα βαρβάρους ψυχὰς ἐχόντων [vgl. A 16 I 147, 30 ff.; B 101 a].

108 [18]. STOB. Flor. I 174 Hense Ἡρακλείτου. ὁκόσων λόγους ἤκουσα, οὐδεὶς ἀφικνεῖται ἐς τοῦτο, ὥστε γινώσκειν ὅτι σοφόν ἐστι πάντων κεχωρισμένον.

109 [108] = B 95.

110 [104a]. — — 176 ἀνθρώποις γίνεσθαι ὁκόσα θέλουσιν οὐκ ἄμεινον [vgl. B 85].

111 [104b]. — — 177 νοῦσος ὑγιείην ἐποίησεν ἡδὺ καὶ ἀγαθόν, λιμὸς κόρον, κάματος ἀνάπαυσιν.

---

107. Schlimme Zeugen sind den Menschen Augen und Ohren, sofern sie Barbarenseelen haben.

108. Von allen, deren Worte ich vernommen, gelangt keiner dazu zu erkennen, daß das Weise etwas von allem Abgesondertes ist.

109 = 95.

110. Für die Menschen wäre es nicht besser, wenn ihnen alles zuteil wird, was sie wollen.

111. Krankheit macht Gesundheit angenehm und gut, Hunger Sattheit, Mühe Ruhe.

---

2 βαρβάρους] Seelen, die wie Barbaren die Aussagen der Sinne nicht richtig verstehen können; so richtig auch Werner *Neue Jahrb.* 21 (1918) 391[1], irrtümlich (als ob ἔχοντα dastünde) Wilamowitz *Platon* I³ 339[1] ἐχόντων] vgl. Classen *Beobacht. Hom. Sprachg.* S. 174 ff. Das Participium kann causal und condicional verstanden werden. Vgl. Pascal *Rendic. del R. Ist. Lomb.* Ser. II 49 (1906) 199 6 ⟨τὸ⟩ vor σοφὸν bei Herakl. überflüssig; die Randbem. des Marc. (Trinc.) ἢ γὰρ θεὸς ἢ θηρίον ist nur Reminiscenz aus Arist. Pol. A 2. 1253 a 25. Die ἀφανὴς ἀρμονία Gottes (B 67) und seine im λόγος verkörperte Einheit tritt der irdischen Dissonanz und ihrem steten Wechsel als das Absolute gegenüber; vgl. B 102. 44 B 20. Apollonius Tyan. bei Euseb. P. E. IV 13 θεῶι ... ἑνί τε ὄντι κεχωρισμένωι πάντων. Bernays und andere halten das Fr. mit Unrecht für unecht, Heidel interpretiert anders: *no one has really attained to true knowledge* (B 78); *for wisdom (which consists in the knowing the λόγος) is far removed from all (men)*. 10 f. vgl. Wilamowitz *Herm.* 62 (1927) 278; zu ἡδὺ καὶ ἀγαθόν vergleicht H. Gomperz Herodot III 80 οὔτε ἡδὺ οὔτε ἀγαθόν: κακόν statt καὶ mit Heitz Diels

112 [107]. Stob. Flor. I 178 σωφρονεῖν ἀρετὴ μεγίστη, καὶ σοφίη ἀληθέα λέγειν καὶ ποιεῖν κατὰ φύσιν ἐπαΐοντας.

113 [91]. — — 179 ξυνόν ἐστι πᾶσι τὸ φρονέειν.

114 [91b]. — — 179 ξὺν νόωι λέγοντας ἰσχυρίζεσθαι χρὴ τῶι ξυνῶι πάντων, ὅκωσπερ νόμωι πόλις, καὶ πολὺ ἰσχυροτέρως. τρέφονται γὰρ πάντες οἱ ἀνθρώπειοι νόμοι ὑπὸ ἑνὸς τοῦ θείου· κρατεῖ γὰρ τοσοῦτον ὁκόσον ἐθέλει καὶ ἐξαρκεῖ πᾶσι καὶ περιγίνεται.

115 [0]. — — 180a ψυχῆς ἐστι λόγος ἑαυτὸν αὔξων.

116 [106]. — — v 6 ἀνθρώποισι πᾶσι μέτεστι γινώσκειν ἑωυτοὺς καὶ σωφρονεῖν.

---

112. Gesund Denken ist die größte Vollkommenheit, und die Weisheit besteht darin, die Wahrheit zu sagen und zu handeln nach der Natur, auf sie hinhörend.

113. Gemeinsam ist allen das Denken.

114. Wenn man mit Verstand reden will, muß man sich stark machen mit dem allen Gemeinsamen (d. h. dem Verstand ξὺν νῶι: ξυνῶι) wie eine Stadt mit dem Gesetz und noch viel stärker. Nähren sich doch alle menschlichen Gesetze von dem einen, göttlichen; denn dieses gebietet, soweit es nur will, und reicht aus für alle (und alles) und ist sogar noch darüber.

115. Der Seele ist der Sinn eigen, der sich selbst mehrt.

116. Den Menschen ist allen zuteil geworden, sich selbst zu erkennen und gesund zu denken.

---

1 σωφρονεῖν Hss. (wie B 116), hält auch H. Gomperz: τὸ φρονεῖν [vgl. B 113] Diels, der die Echtheit von B 112. 116 gegen Heidels Angriffe a. O. S. 714 wieder verteidigte (4. Aufl. I S. XXV)   2 κατά] καλὰ Valckenaer unnötig; denn ἐπαΐοντας sc. φύσεως   5 νῶι Wackernagel Unters. zu Homer S. 38⁴   9 Deutung nach P. Friedländer Platon I 9   περιγίνεται ⟨πάντων⟩ Diels wie Plut. de Isid. 45 p. 369A, wo Heraklit imitiert wird 10 Stob. hat B 115 falsch den folgenden Sokratessprüchen zugeschrieben: berichtigt von Hense und H. Schenkl. Vgl. 22 C 1, 6. 7 und 31 B 110, 4. An Erhöhung der Seele nach dem Tode (Heidel) ist hier wohl nicht zu denken; eher gibt Erklärung Hipp. Epid. VI 5, 1 (V 314 L) ἀνθρώπου ψυχὴ αἰεὶ φύεται μέχρι θανάτου· ἢν δὲ ἐκπυρωθῆι ἅμα τῆι νούσωι, καὶ ἡ ψυχὴ τὸ σῶμα φέρβεται   12 σωφρονεῖν Hss.: φρονεῖν Diels, der auch εὖ φρονεῖν für möglich hielt. Der Gegensatz ἀλλ' οὐ ποιοῦσι ausgelassen. Vgl. auch O. Crusius Bl. f. d. bayr. Gymn. Schulw. 49, 228

117 [73]. — — 7 ἀνὴρ ὁκόταν μεθυσθῆι, ἄγεται ὑπὸ παιδὸς ἀνήβου σφαλλόμενος, οὐκ ἐπαίων ὅκη βαίνει, ὑγρὴν τὴν ψυχὴν ἔχων. [Vgl. B 71 ?].

118 [74—76]. — — 8 αὐγὴ ξηρὴ ψυχὴ σοφωτάτη καὶ ἀρίστη oder vielmehr: αὔη ψυχὴ σοφωτάτη καὶ ἀρίστη.

119 [121]. — — IV 40, 23 'Η. ἔφη ὡς ἦθος ἀνθρώπωι δαίμων.

120 [30]. STRABO I 6 p. 3 βέλτιον δ' 'Η. καὶ ὁμηρικωτέρως ὁμοίως ἀντὶ τοῦ ἀρκτικοῦ τὴν ἄρκτον ὀνομάζων· ἠοῦς καὶ ἑσπέρας τέρματα ἡ ἄρκτος καὶ ἀντίον τῆς ἄρκτου οὖρος αἰθρίου Διός. ὁ γὰρ ἀρκτικός ἐστι δύσεως καὶ ἀνατολῆς ὅρος, οὐχ ἡ ἄρκτος.

---

117. Hat sich ein Mann betrunken, so wird er von einem unerwachsenen Knaben geführt, taumelnd, ohne zu merken, wohin er geht; denn feucht ist seine Seele. (*Als Gegenstück folgt:*)

118. Trockner Glast: weiseste und beste Seele *oder vielmehr* Trockene Seele weiseste und beste.

119. Seine Eigenart ist dem Menschen sein Dämon (*d. h. sein Geschick*).

120. Grenzen von Morgen und Abend: die Bärin und gegenüber der Bärin der Grenzstein des strahlenden Zeus.

---

1 vgl. 21 B 1, 17f. 4 so Philo b. Eus. P. E. VIII 14; vgl. Muson. p. 96, 9 Hense, Plut. de esu carn. 1, 6 p. 995 E, Gal. IV 786 K., Herm. in Plat. Phaedr. 27, 28 Couvreur αὔη ξηρὴ ψυχὴ σοφωτάτη καὶ ἀρίστη Stob.: αὐγὴ ψυχὴ ξηρὰ σοφωτάτη κ. ἀ. Clem. Paed. II 2: ξηρὰ ψυχὴ σοφωτάτη Porphyr. d. antr. nymph. 11; ähnl. Synes. d. insomn. p. 140 A Pet., Eustath. in Il. Ψ 261: αὕτη ψυχὴ ξηρὴ καὶ ἀρίστη Plutarch Rom. 28 vgl. def. orac. 41 p. 432 F: αὔη ξηρὴ σοφωτάτη Aristid. Quint. II 64, 29 Jahn. Als echt heraklitisch erschien αὔη ψυχή σ. κ. ἀ. Stephanus, wohl mit Recht (gegen Diels). ξηρή sah Wendland als durch Panaitios und Poseidonios weiter verbreitete Glosse an *Philo über die Vors.* S. 81[4], 120 Nachtr. 6 So verstand Epicharm vgl. 23 B 17; vgl. H. Gomperz *Herm.* 58 (1923) S. 42ff. Zur Wertung des ἦθος ἀνθρώπειον vgl. B 78   8ff. vgl. Diels *Herakleitos*[2] S. 45. Gewählt hier die Deutung von Kranz *Berl. Sitz. Ber.* 1916, 1161: Morgen- und Abendland werden getrennt durch die Verbindungslinie des Nordsterns mit dem (täglichen) Kulminationspunkt der Sonnenbahn, den Helios (~ Ζεὺς αἴθριος vgl. 22 C 1 Z. 4, Pherekyd. A 9, Emped. B 6, 2 u. ö.) nicht überschreiten darf (B 94). οὖρος Grenzstein wie Hom. Φ 405; vgl. auch K. Meister *Hom. Kunstspr.* S. 205[3]. Deutung *Wind* muß falsch sein, da dieser nicht τέρμα sein kann